GW00808530

Hotels **100%** Hoteles

H KLICZKOWSKI

Hotels **100%** Hoteles

Idea and concept / Idea y concepto: **Paco Asensio, Hugo Kliczkowski**

Editorial coordination and texts/ Coordianción editorial y textos: **María Sol Kliczkowski**

Traslation / Traducción: **Matthew Clarke**

Copy editing / Corrección y edición: **William Bain, Raquel Vicente**

Art Direction / Dirección de arte: **Mireia Casanovas Soley**

Layout / Maquetación: **Diego González**

La Fundición, 15. Polígono Industrial Santa Ana
28529 Rivas-Vaciamadrid. Madrid
Tel.: +34 91 666 50 01
Fax: +34 91 301 26 83
onlybook@onlybook.com
www.onlybook.com

ISBN: 84-96241-80-7
DL: B-27571-04

Editorial project / Proyecto editorial

LOFT Publications
Via Laietana, 32 4.° Of. 92
08003 Barcelona. Spain
Tel.: 0034 932 688 088
Fax: 0034 932 687 073
e-mail: loft@loftpublications.com
www.loftpublications.com

Printed by / Impreso en:
Gràfiques 94

How much importance do we give the settings in which we live, sleep and relax when we go traveling? Nowadays travel usually means spending time in hotels, and these establishments have set about specializing in order to satisfy the varied needs of their guests. In this book we have sought to open a window on today's highly innovative hotels by showcasing some particularly attractive examples from all over the world.

Traveling is not a recent phenomenon, but the underlying concept associated with it has evolved since the journeys undertaken in ancient times for religious, commercial or military reasons, or the medieval pilgrimages, and these changes have reflected transformations in humanity itself. These changes are evident from a cursory glance at the journeys of Columbus, Ulysses and Don Quixote, as well as a perusal of the accounts of Marco Polo's travels and the adventures of Phileas Fogg in his eighty-day journey round the world. There are many factors that contribute to modern voyaging and the development and growth of the travel phenomenon, such as the technical progress associated with improvements in roads and the creation of railroad and airplane networks.

These days, many journeys are undertaken for reasons of work or tourism – this latter now become a synonym for leisure and communication. In both cases, visitors can choose from a wide variety of hotels during their stays. The offers have become more sophisticated as travelers have grown more demanding, leading to the emergence of specialized hotels with a meticulous attention to detail and comfort. Every hotel offers its own particular options for "making yourself at home", "getting away from it all" or "enjoying a new experience".

There is a vast array of proposals, and this book gathers together an interesting selection that invites the reader to wander through some striking and surprising settings. These hotels are scattered all over the planet, from Malaysia, Thailand, Japan and Brazil to European cities where design is influencing the new trends in decoration and architecture, such as Prague, Nice, Barcelona, Stockholm, London and Rome. So, the selection embraces minimalist settings like the Josef in Prague, the Straf in Milan and the Omm in Barcelona, converted industrial spaces like the Una Vittoria Hotel in Florence and old, restored buildings like the Pershing Hall in Paris and the Birger Jarl in Stockholm, along with hotels like La Banane in Saint-Barthélemy and the Datai in Malaysia that offer guests all the comforts of the city in natural surroundings.

All the hotels that we have gathered together are united by a quest for up-to-date design aimed at providing a welcome for business travelers or tourists. They all combine a modern look with service of the highest quality. This tour will fascinate any reader in search of original settings for a future journey, or simply eager to embark on a trip right away through these pages.

Introduction

Introducción

¿Qué importancia concedemos a los espacios donde vivimos, donde dormimos y descansamos cuando viajamos? El viaje conlleva hoy en día, en la mayoría de los casos, la estancia en hoteles. Estos espacios de alojamiento se han ido especializando para satisfacer la variada demanda de su clientela. Este libro quiere ser una ventana abierta a hoteles actuales muy innovadores que permita descubrir establecimientos de todo el mundo que cautivan por su particular atractivo.

Los viajes no son un fenómeno reciente. Este concepto, sin embargo, ha ido evolucionando desde los desplazamientos religiosos, comerciales o militares de la antigüedad, o incluso las peregrinaciones de la Edad Media, y han ido siguiendo la transformación de la humanidad. Una mirada retrospectiva en el tiempo nos lleva a Colón o a Marco Polo, que dejaron constancia de su experiencia en sendas crónicas; la literatura también da buena cuenta del proceso de evolución de esta costumbre en figuras como Don Quijote, en un plano local, o Phileas Fogg, a mucha mayor escala. Muchos son los factores que han contribuido al movimiento actual de personas y al impulso y expansión del fenómeno del viaje. El progreso técnico aplicado a la comunicación por vía terrestre, aérea y marítima ha sido fundamental.

Hoy en día, gran parte de los desplazamientos se llevan a cabo por motivos de turismo, transformado en sinónimo de ocio y comunicación, o motivos laborales. En ambos casos, el mercado ofrece una gran variedad hotelera que acoge al visitante durante su estancia. Las propuestas han ido adquiriendo mayor calidad con el aumento de las exigencias de los huéspedes y viajeros, y muchos establecimientos se han especializado en una búsqueda estética y de comodidad. Cada hotel brinda entonces sus propias opciones para hacer sentir al huésped como en casa, para dedicarle un espacio totalmente diferente al de un hogar o para ofrecer una experiencia nueva.

Las propuestas son múltiples y variadas y este libro reúne una interesante selección que invita al lector a viajar a través de espacios sorprendentes y llamativos. Los hoteles se sitúan en lugares dispares de todo el planeta, desde Malasia, Tailandia, Japón o Brasil hasta ciudades europeas donde el diseño marca las nuevas tendencias decorativas y arquitectónicas, ciudades como Praga, Niza, Barcelona, Estocolmo, Londres o Roma. De esta forma, se han congregado ambientes de tendencias minimalistas como el Josef de Praga, el Straf de Milán o el Omm de Barcelona, así como recintos más industriales y reformados como el Una Vittoria de Florencia, o edificios antiguos y renovados como el Pershing Hall de París o el Birger Jarl de Estocolmo; de la misma forma, también quedan reflejados los hoteles rodeados de naturaleza como La Banane de Saint Barthélemy o el Datai de Malasia, que ofrecen al pasajero todas las ventajas de su entorno natural.

Todos los hoteles seleccionados buscan un diseño actual con una intención clara para acoger al viajante de negocios o de ocio, siempre conjugando una estética moderna con un servicio de gran calidad. En definitiva, un recorrido que cautivará al lector que busque espacios originales para un futuro viaje o que, simplemente, quiera iniciarlo a través de estas páginas.

EL HOTEL

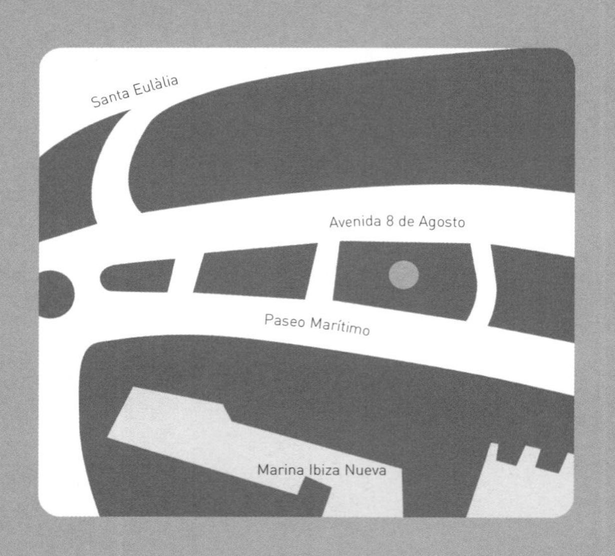
Santa Eulàlia
Avenida 8 de Agosto
Paseo Marítimo
Marina Ibiza Nueva

EL HOTEL

Architect: Jorge Goula

Collaborator: Ricardo Urgell

Photographer: Conrad White

Number of rooms: 55 double rooms and 2 suites

Price: 180-1,000 € per night

Location: Paseo Marítimo s/n, 07800 Ibiza, Spain

Telephone: +34 971 315963

E-mail: elhotel@pacha.com

Website: www.elhotelpacha.com

Services: internet, television, air conditioning, mini-bar, swimming pool and restaurant

Arquitecto: Jorge Goula

Colaborador: Ricardo Urgell

Fotógrafo: Conrad White

Número de habitaciones: 55 habitaciones dobles y 2 suites

Precio: 180-1.000 € por noche

Localización: Paseo Marítimo s/n, 07800 Ibiza, España

Teléfono: +34 971 315963

Correo electrónico: elhotel@pacha.com

Página web: www.elhotelpacha.com

Servicios: internet, televisión, aire acondicionado, minibar, piscina y restaurante

El Hotel, situated in the heart of the port of Ibiza, opposite the Pacha discotheque, sought to make an innovative offer to the visitors of this Mediterranean island. The idea was to build a modern hotel in a minimalist style enriched with a variety of decorative elements that enhance its spaciousness and large scale.

Right from the lobby, the depth of the spaces is accentuated by the white of the walls and the floors, avoiding any visual demarcations – an effect that is backed up by the structural use of thick, circular pillars. The interior design is marked by pure lines and pale colors that confer luminosity on every space and set up the desired contrast with the rustic-style objects. The decoration incorporates traditional wooden elements from Africa, such as stools, sculptures and wall-hangings, combined with furniture of a contemporary design; this results in extremely warm settings flooded with light. The rooms create welcoming environments in which guests can find all the comfort made available by technology, as well as an ideal spot for resting. The Hotel puts on exhibitions and other events for its guests, while also offering the possibility of closed-circuit access to the program of fiestas organized by the Pacha.

The overall impression is of a strikingly modern hotel in which luxury is a fusion of forms and elements that play with contrasts, thereby giving rise to a new language.

EL **HOTEL**

Situado en el corazón del puerto de Ibiza y frente a la discoteca Pacha, El Hotel quiso hacer una propuesta innovadora al público de la isla. Se trataba de erigir un establecimiento moderno de carácter minimalista enriquecido con variados elementos decorativos en el que primaran la amplitud y los grandes volúmenes.

Ya desde el vestíbulo, la profundidad de los espacios se acentúa a través de la blancura de las paredes y los pavimentos, que evitan las delimitaciones visuales con el apoyo estructural de columnas circulares de gran grosor. El diseño interior sigue las líneas puras y los tonos claros que contribuyen a la luminosidad de cada recinto y permiten el contraste buscado con los objetos de aire rústico. En la decoración se incorporaron elementos étnicos africanos de madera, como banquetas, esculturas o cuadros, y se combinaron con el mobiliario de diseño contemporáneo; de esta manera se obtienen atmósferas diáfanas y de gran calidez. Las habitaciones crean ambientes acogedores donde el huésped puede encontrar todo el confort que le proporciona la tecnología, así como el rincón ideal para el descanso. El Hotel organiza y celebra, además, actos y exposiciones para los huéspedes y ofrece la posibilidad de acceder al circuito cerrado que programa las fiestas de Pacha.

El conjunto es un hotel de impactante modernidad donde el lujo es una fusión de formas y elementos que juegan con los contrastes y dan lugar a un nuevo lenguaje.

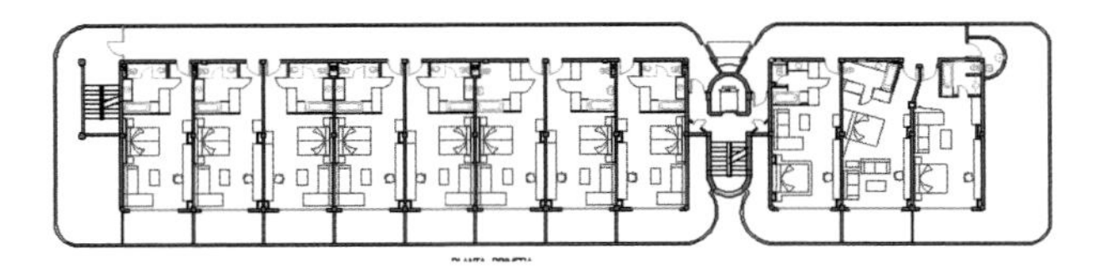

Type plan Planta tipo

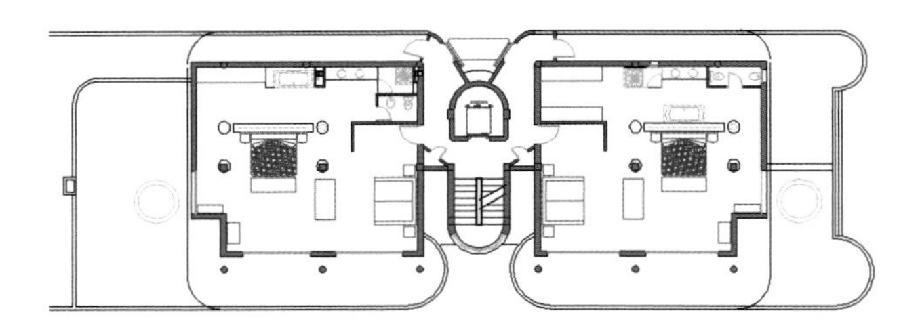

Ground floor Planta baja

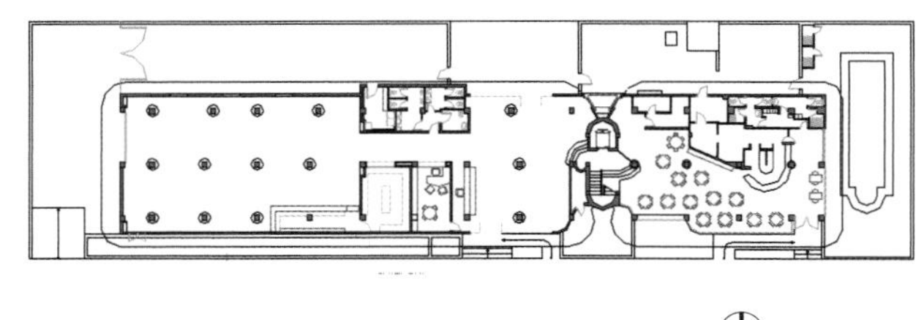

First floor Primer piso

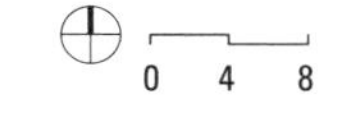

THE GRAY

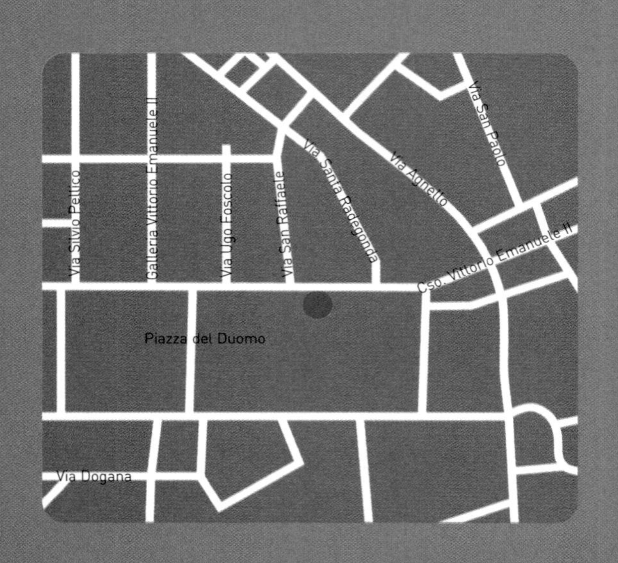
Via San Paolo
Via Agnello
Via Santa Radegonda
Via Silvio Pellico
Galleria Vittorio Emanuele II
Via Ugo Foscolo
Via San Raffaele
Cso. Vittorio Emanuele II
Piazza del Duomo
Via Dogana

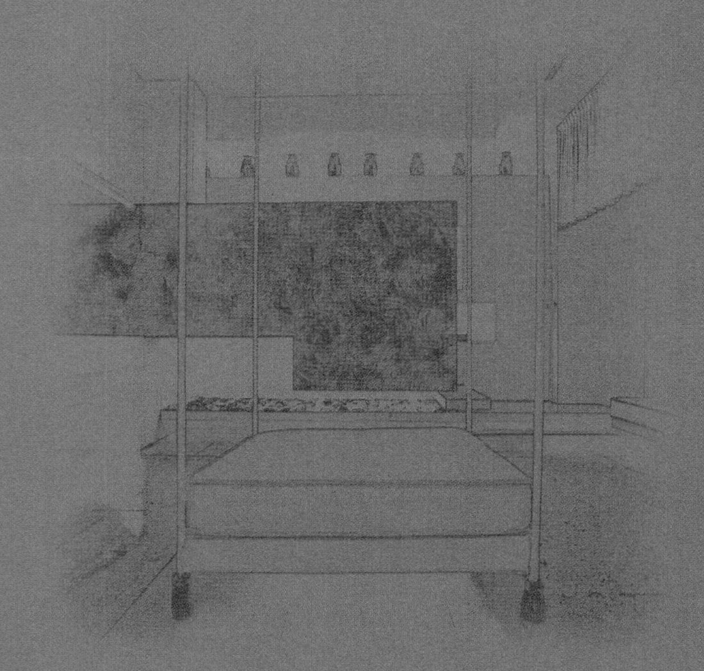

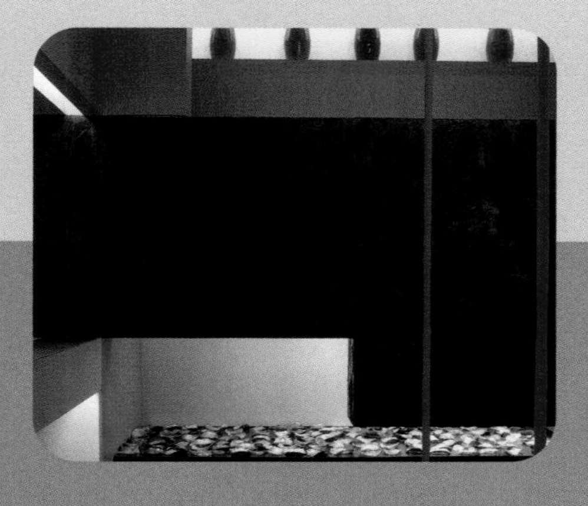

Architect: Guido Ciompi
Photographer: Yael Pincus
Number of rooms: 21
Price: 300-900 € per night
Address: Via San Raffaele 6, 20121 Milan, Italy
Telephone: +39 02 7208951
E-mail: info.thegray@sinahotels.it
Website: www.hotelthegray.com
Services: bar, television, internet, CD, DVD, safe, mini-bar and hydro-massage shower

Arquitecto: Guido Ciompi
Fotógrafa: Yael Pincus
Número de habitaciones: 21
Precio: 300-900 € por noche
Dirección: Via San Raffaele 6, 20121 Milán, Italia
Teléfono: +39 02 7208951
Correo electrónico: info.thegray@sinahotels.it
Página web: www.hotelthegray.com
Servicios: bar, televisión, internet, CD, DVD, caja fuerte, minibar y ducha hidromasaje

THE GRAY

This hotel in the center of Milan, close to the Duomo cathedral, La Scala opera house and the Vittorio Emmanuele art gallery, was conceived by the architect and designer Guido Ciompi, who managed to merge an 18th-century building with state-of-the-art contemporary design.

The interior was planned to create comfortable, welcoming settings in the public areas by using innovative, informal elements. Various objects stand out in the lobby, such as a strange swing hanging from the roof or the reception counter itself, which is also suspended. The entire project alternates a range of materials like metal, wengue wood and marble; and it also plays with the colors by setting up chromatic contrasts. The rooms were approached on an individual basis to achieve a design that is both modern and warm; they are all equipped with the latest in hi-tech. The decoration is sparing with objects, but those that are present have a great impact – as in the case of the pictures and lamps, which bestow character and elegance on their surroundings.

The success of this hotel can be seen in every nook and cranny, in all the details that astonish and seduce first-time visitors, inviting them to revel in the esthetic delights of every space.

Situado en el centro de Milán, junto a la plaza del Duomo, la plaza de la Scala y la galería de arte Vittorio Emanuele, este hotel fue concebido por el arquitecto y diseñador Guido Ciompi, quien logra combinar un edificio del siglo XVIII con el diseño más moderno y contemporáneo.

El interior fue ideado para crear ambientes confortables y acogedores en las zonas públicas utilizando elementos innovadores e informales. En el vestíbulo destacan varios objetos, como un curioso columpio que cuelga del techo o el propio mostrador de recepción, que también está suspendido. Todo el proyecto alterna diversos materiales como el metal, la madera de wengue o el mármol; y juega asimismo con los colores y con el contraste de las variadas tonalidades. Las habitaciones fueron concebidas individualmente para obtener un diseño actual y cálido a la vez; todas ellas se equiparon con la más alta tecnología. Para la decoración se escogieron pocos objetos, pero de acentuada presencia, como cuadros o lámparas que aportan carácter y elegancia a los recintos.

El éxito de este hotel se puede apreciar en cada uno de sus rincones, en los detalles que sorprenden, conquistan y brindan al nuevo visitante, la posibilidad de disfrutar de la estética de los espacios.

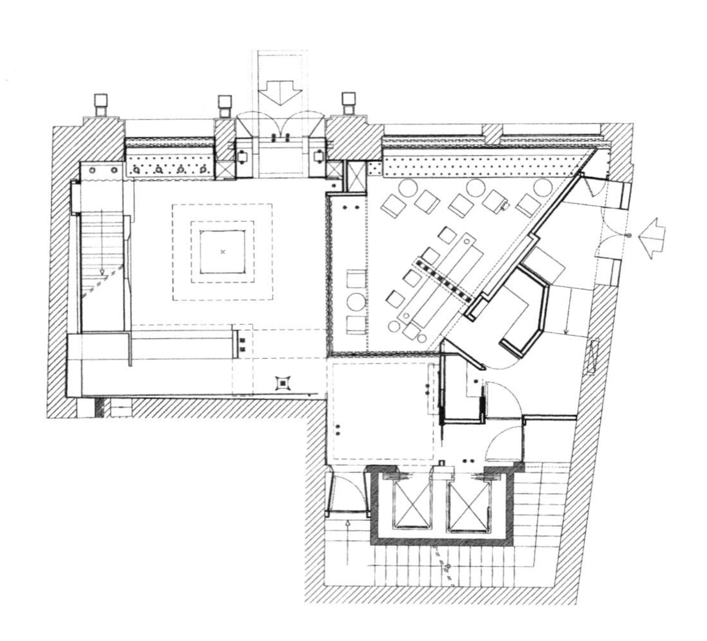

Ground floor Planta baja

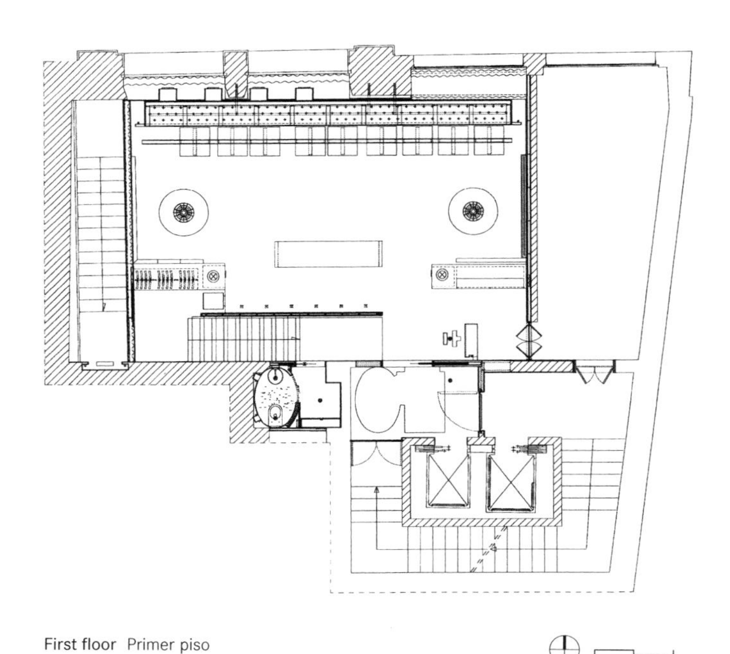

First floor Primer piso

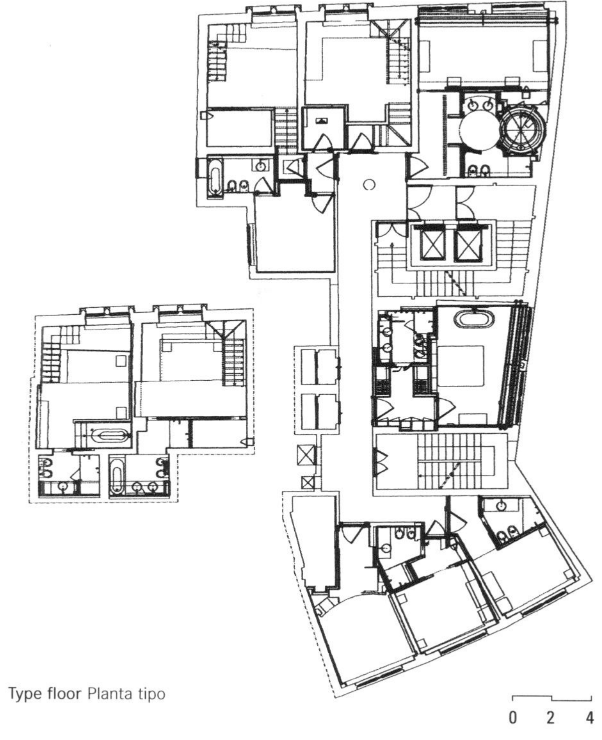

Type floor Planta tipo

MOOG
Hotel

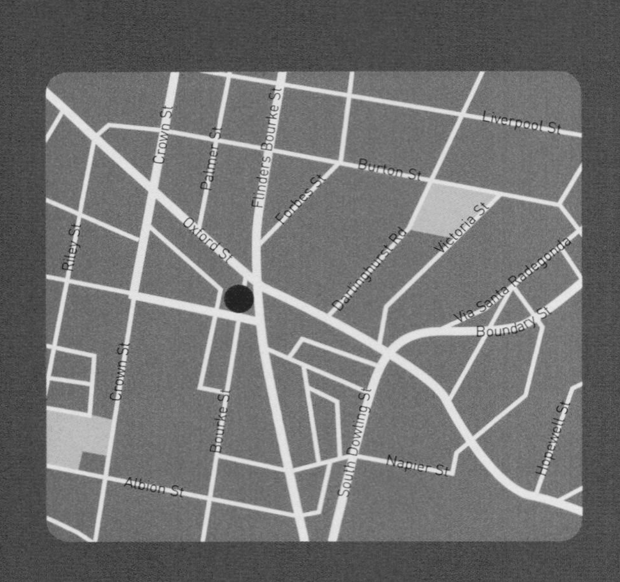
Liverpool St
Crown St
Palmer St
Flinders Bourke St
Burton St
Forbes St
Oxford St
Riley St
Darlinghurst Rd
Victoria St
Via Santa Radegonda
Boundary St
Crown St
Bourke St
South Dowling St
Napier St
Hopewell St
Albion St

Architects: Michael Mandl, Lisa-Maree Carrigan and Elka Hulskamp, GSA Group
Photographer: John Webber
Number of rooms: 1 exclusive suite and 1 apartment
Price: 500 € per night
Address: 413 Bourke St, Surry Hills, NSW 2010 Sydney, Australia
Telephone: +61 2 8353 8200
E-mail: info@mooghotel.com
Website: www.mooghotel.com
Services: swimming pool, spa, gym, internet and professional recording studio

Arquitectos: Michael Mandl, Lisa-Maree Carrigan y Elka Hulskamp, Grupo GSA
Fotógrafo: John Webber
Número de habitaciones: 1 suite exclusiva y 1 apartamento
Precio: 500 € por noche
Dirección: 413 Bourke St, Surry Hills, NSW 2010 Sydney, Australia
Teléfono: +61 2 8353 8200
Correo electrónico: info@mooghotel.com
Página web: www.mooghotel.com
Servicios: piscina, spa, gimnasio, internet y estudio profesional de grabación

This small hotel is characterized by its unusual concept, as it consists of a single suite and an apartment aimed at stars from the world of art and music. The idea was to create an opulent suite that afforded the visitor the luxury of being the only guest of this "boutique hotel".

The Moog Hotel is set in an old building dating from 1850 that contrasts with the contemporary approach of the recent additions. The GSA group adapted and renovated the existing structure of a historic villa to convert it into a modern multifunctional construction with very light, almost transparent lines. The hotel is spread over two blocks, with the front part housing a music studio, a bar, an office and an apartment for the owners. The second block, to the rear of the property, contains the hotel suite and the gym, which are linked to the first block by means of a patio with a spectacular swimming pool and a spa. This terrace was designed to create a feeling of openness without prejudicing intimacy; the special attention to privacy is also reflected in the positioning of the entrance to the rear, allowing guests to come and go with total freedom and discretion.

Although the complex has been treated like a work of art, this hotel is characterized by the warmth and modernity of both its architecture and interior design, blending intimacy and eclecticism in all its different spaces.

MOOG **HOTEL**

Este pequeño hotel se caracteriza por su peculiar concepto, ya que consta de una única suite y de un apartamento que los propietarios destinan a las estrellas del mundo del arte y de la música. La idea del proyecto era crear una opulenta suite que permitiera al visitante el lujo de ser el único huésped de la "boutique hotel".

El Moog Hotel se emplaza en un antiguo edificio de 1850 que contrasta con el carácter contemporáneo de la construcción actual. El grupo GSA adaptó y reformó la estructura existente de una villa histórica y la convirtió en una edificación moderna multifuncional con líneas muy ligeras, casi transparentes. El hotel se distribuyó en dos bloques, la parte frontal alberga un estudio de música, un bar, una oficina y un apartamento para los propietarios. En el segundo bloque, al fondo del terreno, se ubica la suite del hotel y el gimnasio, que comunican con la estructura inicial a través de un patio donde se sitúa una espectacular piscina y un spa. Esta terraza fue diseñada para ofrecer sensación de apertura sin comprometer la intimidad, factor especialmente cuidado que se concreta, a su vez, en una entrada posterior que permite al huésped entrar y salir con total libertad y discreción.

Aunque el conjunto se ha tratado como una obra de arte, los espacios de este hotel se caracterizan por su calidez y modernidad tanto en su arquitectura como en el diseño interior, puesto que conjuga intimidad y eclecticismo en todos los ambientes.

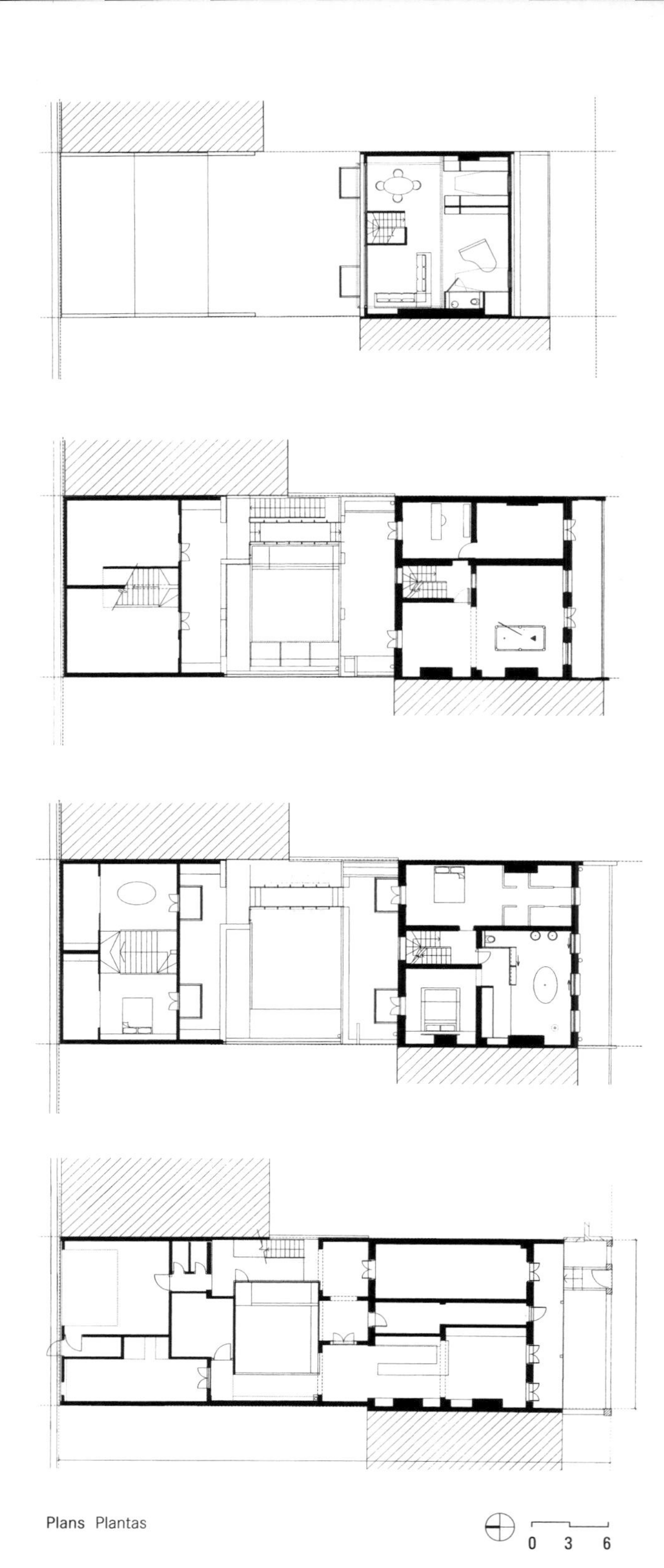

Plans Plantas

MARICEL

Andratx
Coll d'Andritxol
Pm V 101-2
C-719
Carretera de
Andratx-Palma
C-719a
Peguera
Camp de Mar

Architect for the conversion: Xavier Claramunt
Interior decorator: Chus Asiaín
Photographer: Pere Planells
Number of rooms: 29
Price: 320-670 € per night
Address: Carretera d'Andraxt 11, 07184 Calvià, Palma de Mallorca, Spain
Telephone: +34 971 70 77 44
E-mail: maricel@hospes.es
Website: www.hospes.es
Services: television, DVD, internet, air-conditioner, mini-bar, à la carte restaurant, swimming pool, massage service, safe and parking

Arquitecto de la reforma: Xavier Claramunt
Decoradora: Chus Asiaín
Fotógrafo: Pere Planells
Número de habitaciones: 29
Precio: 320-670 € por noche
Dirección: Carretera d'Andraxt 11, 07184 Calvià, Palma de Mallorca, España
Teléfono: +34 971 70 77 44
Correo electrónico: maricel@hospes.es
Página web: www.hospes.es
Servicios: televisión, DVD, internet, climatizador, minibar, restaurante a la carta, piscina, servicio de masajes, caja fuerte y aparcamiento

Set in an emblematic building dating from 1929, the Hotel Maricel in Palma de Mallorca is the result of an extensive overhaul carried out by the architect Xavier Claramunt. The idea was to breathe new life into this period building in an unbeatable seaside location by endowing it with a contemporary atmosphere.

The exterior is notable for architectural elements like the arches, pillars with neo-Gothic capitals, gargoyles and large windows, which all add up to give this stone building an imposing presence. The splendor of the pre-existing structure required special care in the treatment of the interiors, so the decoration was based on a combination of noble materials that harmonize with the setting to create a sophisticated, minimalist environment. The underlying concept was functional and austere, with a selection of pieces in pure colors and stylized forms that highlight the building's charisma. Furthermore, the rooms are arranged so that guests can enjoy the wonderful views of the Mediterranean and wallow in the peaceful, relaxed atmosphere; the easy access to the private jetty also makes it possible to take advantage of a wide range of sea trips.

This hotel, nestling in an idyllic landscape, has managed to combine the personality of a historical building with elegant, up-to-the-minute decoration and offer its guests an extensive array of possibilities.

MARICEL

h

HOSPES HOTELES

MARICEL

Instalado en un emblemático edificio contruido en 1929, el hotel Maricel es el resultado de una remodelación profunda que llevó a cabo el arquitecto Xavier Claramunt en Palma de Mallorca. Se trataba de hacer resurgir una edificación de principios del siglo XX ubicada en un lugar privilegiado junto al mar, confiriéndole una atmósfera contemporánea.

Destacan del exterior ciertos elementos arquitectónicos como los arcos, las columnas con capiteles neoclásicos, las gárgolas, los amplios ventanales; el conjunto se erige como una construcción de piedra de imponente presencia. El esplendor de la estructura preexistente requería un cuidado especial en el tratamiento de los interiores. La decoración se basó entonces en la combinación de materiales nobles en armonía con el entorno, creando un ambiente sofisticado y minimalista. La concepción del interiorismo siguió una línea funcional y sobria, con una selección de piezas de colores puros y formas estilizadas que acentúan el carisma del edificio. Por otro lado, las habitaciones están orientadas para que el huésped contemple las excelentes vistas del mar Mediterráneo, y le invitan a sumergirse en una atmósfera apacible y relajada; el fácil acceso al embarcadero privado permite disfrutar de variadas excursiones por el mar.

Enmarcado en un paisaje idílico, este hotel ha sabido combinar la personalidad de una construcción histórica con una decoración elegante y actual, a la vez que ofrece un amplio abanico de posibilidades al visitante.

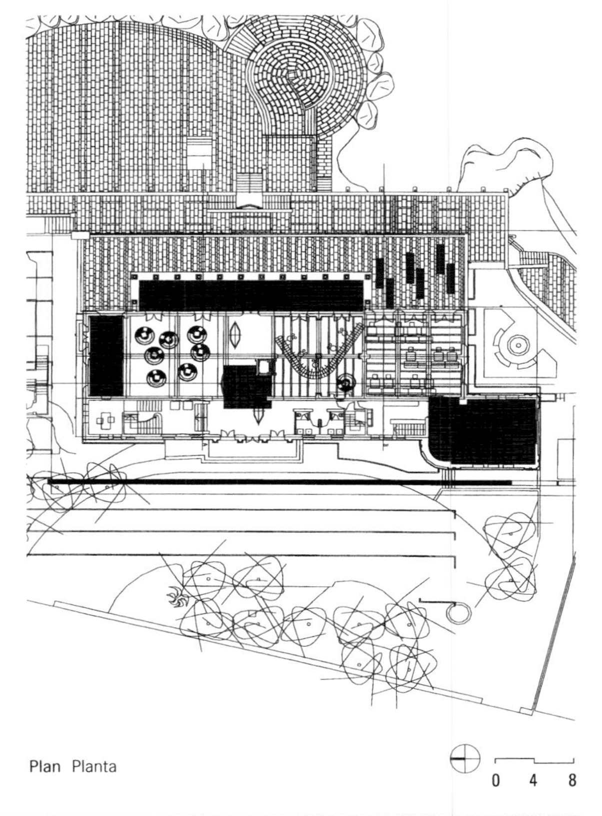

Plan Planta

Hotel
BIRGER JARL

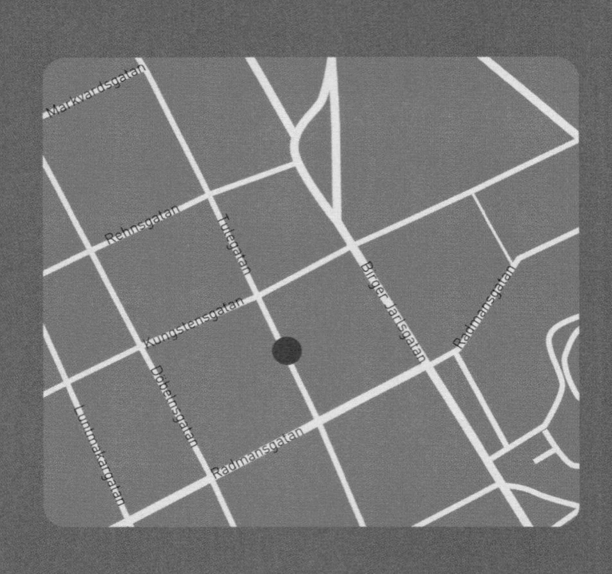

Architects and interior decorators: Nirvan Richter, Björn Sahlqvist, Johan Stylander, Anki Gneib, Anne-Christine Axelsson, Franz Hardinger, Johanna Köhlin/Agneta Pettersson, Thomas Sandell, Tom Hedqvist
Photographers: Peter Grant, Stefan Ek
Number of rooms: 235
Price: 180-490 € per night
Address: Tulegatan 8, Box 19016, SE, 104 32 Stockholm, Sweden
Telephone: +46 (0)8 6741800
E-mail: info@birgerjarl.se
Website: www.birgerjarl.se
Services: internet, television, restaurant, bar, gym, sauna and parking lot

Arquitecto e interioristas: Nirvan Richter, Björn Sahlqvist, Johan Stylander, Anki Gneib, Anne-Christine Axelsson, Franz Hardinger, Johanna Köhlin/Agneta Pettersson, Thomas Sandell, Tom Hedqvist
Fotógrafos: Peter Grant, Stefan Ek
Número de habitaciones: 235
Precio: 180-490 € por noche
Dirección: Tulegatan 8, Box 19016, SE, 104 32 Estocolmo, Suecia
Teléfono: +46 (0)8 6741800
Correo electrónico: info@birgerjarl.se
Página web: www.birgerjarl.se
Servicios: internet, televisión, restaurante, bar, gimnasio, sauna y aparcamiento

The Birger Jarl is situated in Stockholm's old Klara neighborhood. It was built in 1974, but in 2001 it was given a new image as the result of a complete refurbishment, undertaken by young Swedish architects and designers, who came up with a surprising new look.

They used materials like birch wood and the traditional red of Swedish country houses to maintain an indigenous style. Moreover, the designers came up with distinctive personal interpretations of the winter cold and summer heat so typical of Sweden by inserting pictures of ice cubes into the woolen carpets and designing smooth curves of solid glass. Each room reflects a particular project of its creators, from colorful spaces with wooden furniture to settings determined by the philosophy of feng shui, with representations of the five elements – wood, fire, earth, metal and water – or others, where the furniture seems to be suspended in the air or where the curtains and built-in closets take on an important role. Some pieces and colors reminiscent of the old 1970s decoration have been used, and one of the rooms even preserves its original decoration, as if it were paying homage.

The renovation of this hotel was an act of faith in innovation and Swedish design, and it has established a variety of contexts intended to offer creative and welcoming settings.

HOTEL **BIRGER JARL**

El Birger Jarl se sitúa en el antiguo barrio Klara de Estocolmo. Su construcción data de 1974, pero la decoración original se renovó completamente y adquirió una nueva imagen en 2001. El proyecto de rehabilitación lo ejecutaron jóvenes arquitectos y diseñadores suecos, que sorprendieron con su trabajo.

Se utilizaron materiales como la madera de abedul y el tradicional color rojo de las casas rurales autóctonas para mantener el estilo sueco. Por otro lado, los diseñadores plasmaron sus interpretaciones del frío y el calor, del invierno y del verano tan propios de Suecia, con imágenes de cubitos de hielo en alfombras de lana y curvas cálidas de vidrio puro. Cada habitación refleja los diferentes proyectos de sus creadores: habitaciones de colores con muebles de madera, estancias que siguen la filosofía del feng shui y que representan los cinco elementos –madera, fuego, tierra, metal y agua–, otras donde el mobiliario parece estar suspendido en el aire o donde las cortinas y los muebles empotrados adquieren notable presencia. También se han preservado algunas piezas que evocan la antigua decoración de los años setenta; incluso una de las habitaciones se conserva con la decoración original, como si se le rindiera un homenaje.

La renovación de este hotel es una apuesta por la innovación y el diseño sueco, al mismo tiempo que introduce variados contextos dispuestos a ofrecer ambientes acogedores y creativos.

MUANG KULAYPAN Hotel

Architect: M.L. Varavana
Photographers: M.L. Varavana and Khun Udomdej Bunyaraksh
Number of rooms: 41
Price: 80-150 € per night (high season)
Address: 100 Moo2 Chaweng Beach, Ko Samui, Suratthani, 84320 Thailand
Telephone: +66 (0) 77 230849-50
E-mail: reservations@kulaypan.com
Website: www.kulaypan.com
Services: internet, massage and yoga (with advanced booking) and excursion services

Arquitecto: M.L. Varavana
Fotógtrafos: M.L. Varavana y Khun Udomdej Bunyaraksh
Número de habitaciones: 41
Precio: 80-150 € por noche (temporada alta)
Dirección: 100 Moo2 Chaweng Beach, Ko Samui, Suratthani, 84320 Tailandia
Teléfono: +66 (0) 77 230849-50
Correo electrónico: reservations@kulaypan.com
Página web: www.kulaypan.com
Servicios: internet, masaje y yoga (con reserva) y servicios de excursión

MUANG KULAYPAN HOTEL

The Muang Kulaypan is set on the Chaweng beach on the island of Samui, in Thailand, and it provides an ideal setting for rest and fun. The architectural design reflects the local spirit by combining the old Javanese style of the town houses with the Thai style of the roofs, which oblige visitors to lower their head when they go in or out.

The gardens surrounding the hotel have been lovingly preserved, with their original layout intact, in order to emphasize the authenticity of the setting. The vegetation is dotted with a large number of bonsais, as well as some sixty-year-old coconut trees, with their branches voluptuously stretching out – all this in an island setting with glimpses of the transparent turquoise sea. The landscape contributes to the soothing, welcoming experience of the guests staying in the hotel, which is enhanced by the friendly, personalized service.

The interior decoration has also sought the essence of simplicity by following the pure and natural lines of the landscape. The furnishings blend in with the landscape, owing to the fact that they were built in situ with local materials; the decoration of the rooms also features works of art, such as paintings, photographs and poems based on the Thai-Javanese story of Prince Inao and Princess Budsaba.

As a whole, the hotel blends elements of Asian culture and contemporary design, allowing visitors to revel in a natural paradise while enjoying all the modern facilities on offer.

El Muang Kulaypan se inscribe en la playa Chaweng, en la isla tailandesa de Samui, y ofrece un escenario ideal para el reposo y la diversión. El diseño arquitectónico refleja el espíritu local combinando el antiguo estilo javanés de las casas rurales con el estilo tailandés de los tejados, que obligan al visitante a inclinarse para entrar o salir.

El diseño de los jardines tuvo como premisa principal respetar la vegetación original. Así, entre en los ejemplares conservados se pueden apreciar cocoteros de más de sesenta años que se despliegan con voluptuosidad y numerosos bonsáis; todo ello enmarcado en una isla desde la que se vislumbra la claridad esmeralda del mar. De esta manera, el paisaje, junto a una amable atención personalizada, consigue imprimir en el huésped una la experiencia sedante e inolvidable.

En la decoración interior se ha buscado también la esencia de la simplicidad, un paralelismo con las líneas puras y naturales del paisaje. Por su parte, el mobiliario armoniza con el paisaje pues se construyó sobre el propio terreno con materiales de la zona. Las habitaciones albergan motivos artísticos tales como pinturas, fotografías y poesías basadas en el cuento tai javanés del príncipe Inao y la princesa Budsaba.

En general, un diseño contemporáneo con elementos de la cultura asiática que permite gozar de un paraíso natural con todas las comodidades que brinda el hotel.

2 3 4 5 6 7 8 9

NERI H&R

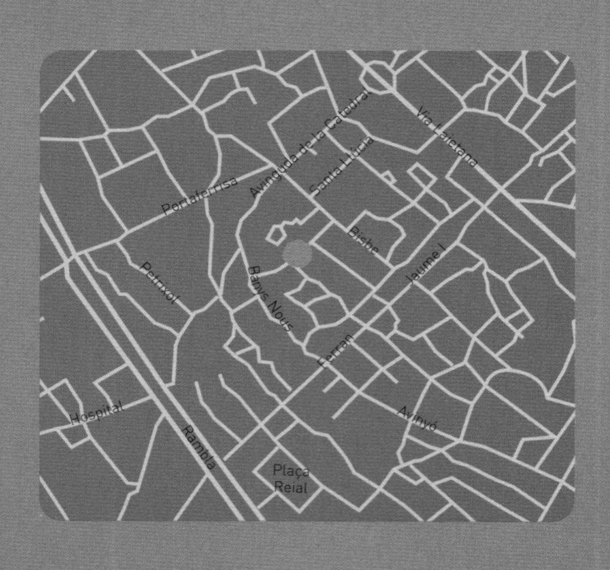
Portaferrisa
Avinguda de la Catedral
Santa Llúcia
Via Laietana
Bisbe
Jaume I
Petritxol
Banys Nous
Ferran
Avinyó
Hospital
Rambla
Plaça
Reial

Architects: Damià Ribas (initial plans), Juli Pérez-Català (interior design)
Designer: Cristina Gabás
Photographer: Yael Pincus
Number of rooms: 22
Price: 170 € per night
Address: Sant Sever 5, 08002 Barcelona, Spain
Telephone: +34 93 3040655
E-mail: info@hotelneri.com
Website: www.hotelneri.com
Services: internet, music system, modem connection and fax, library, conference room, choice of pillows and rooms for non-smokers

Arquitectos: Damià Ribas (planos iniciales), Juli Pérez-Català (interiorista)
Diseñadora: Cristina Gabás
Fotógrafa: Yael Pincus
Número de habitaciones: 22
Precio: 170 € por noche
Dirección: Sant Sever 5, 08002 Barcelona, España
Teléfono: +34 93 3040655
Correo electrónico: info@hotelneri.com
Página web: www.hotelneri.com
Servicios: internet, equipo de música, conexión modem y fax, biblioteca, sala de reuniones, servicio de almohadas y habitaciones para no fumadores

The Neri H&R is situated in a small 18th-century palace that was renovated and refurbished in a spirit of respect for the building's distinctive characteristics while introducing avant-garde decorative elements.

The hotel is set in the Barri Gotic, an old, tightly packed neighborhood, so the decision was made to opt for a setting flooded with light, with an eclectic decoration that appeals to all five senses, harmonized by the designer Cristina Gabás to set up an interplay of colors, music, aromas, textures and flavors. The hotel's decoration also involved other artists, each focusing on different details. The finishing of the furniture, for example, is not traditional but opts for rough-hewn saw-cut wood; the flooring is not totally regular either, as tinted, textured parquet has been chosen. In the lobby, an enormous circular lamp imposes its presence by occupying a large part of the space. The building's roof has a basic purpose, as its terrace-solarium provides a space where guests can relax and sunbathe. The hotel's restaurant offers an interesting menu that combines spices and fragrances from the medieval kitchen with ingredients from the Mediterranean basin.

The secret of this inviting, avant-garde hotel lies in its success in reconciling 18th-century architecture with a modern decoration.

NERI H&R

El Neri H&R se ubica en un palacete del siglo XVIII que se ha renovado y rehabilitado respetando las peculiaridades del edificio y combinándolas con elementos de decoración vanguardista.

El conjunto se emplaza en el Gótico, un barrio urbanísticamente denso, por lo que se apostó por un espacio muy diáfano y una decoración ecléctica basada en un concepto sensorial. Así, Cristina Cabás armoniza los cinco sentidos para desarrollar un juego de colores, músicas, aromas, texturas y sabores. En el vestíbulo, una enorme lámpara circular impone su presencia ocupando gran parte de la estancia. En la decoración del hotel colaboraron también otros artistas que cuidaron cada uno de los detalles. El acabado de los muebles, por ejemplo, no es tradicional sino que se ha optado por el tacto más rugoso de la madera aserrada; los pavimentos no son totalmente regulares, sino un parqué tintado y con texturas. En la cubierta del edificio una terraza-solárium se ofrece a los clientes para que se relajen y disfruten del paisaje urbano barcelonés. El restaurante que alberga el hotel cuenta con una interesante carta gastronómica que combina aromas y especias de la cocina medieval con ingredientes propios de la cuenca mediterránea.

El secreto de este hotel acogedor y vanguardista es el saber conciliar la arquitectura del siglo XVIII y una decoración moderna.

4 SOLARIUM
3 HAB. I ROOMS
301-306
2 HAB. I ROOMS
201-209
1 HAB. I ROOMS
101-107
0 LOBBY
BIBLIOTECA I LIBRARY
RESTAURANT

Hotel

DEL TEATRE

Interior designers: Sandra Tarruella and Isabel López
Photographers: Montse Casas and Montse Garriga
Number of rooms: 5 suites and 2 double rooms
Price: 110-170 € per night
Address: Plaça Major s/n, 17214 Regencós, Girona, Spain
Telephone: +34 972 30 6270
E-mail: info@hoteldelteatre.com
Website: www.hoteldelteatre.com
Services: portable computer in each room, television, CD player, Bang & Olufsen DVD player, mini-bar, telephone, swimming pool, laundry, room service, safe, parking lot and bicycle rental

Interioristas: Sandra Tarruella e Isabel López
Fotógrafas: Montse Casas y Montse Garriga
Número de habitaciones: 5 suites y 2 dobles
Precio: 110-170 € por noche
Dirección: Plaça Major s/n, 17214 Regencós, Girona, España
Teléfono: +34 972 30 6270
Correo electrónico: info@hoteldelteatre.com
Página web: www.hoteldelteatre.com
Servicios: ordenador portátil en cada habitación, televisión, CD, DVD Bang & Olufsen, minibar, teléfono, piscina, lavandería, servicio de habitaciones, caja fuerte, aparcamiento y alquiler de bicicletas

This hotel is located in the province of Girona, in the Empordà, a region known as the Catalan Tuscany that enjoys a mild climate all year round and boasts landscapes made up of small medieval towns, poplar woods and roads flanked by pine trees. This is the setting for the Hotel del Teatre, two 18th-century farmhouses that have been restored without losing their distinctive character, but gaining in modern conveniences.

The farmhouses, which offer seven rooms, a dining room with a vaulted ceiling, a reading room, a swimming pool, a garden and a terrace, are an ideal size for creating a homely atmosphere. To do this, the interior designers used earthy colors and wooden furniture and painted the walls white to emphasize the rejuvenation of the spaces, while taking pains with every detail of the decoration to retain the essence of the old stone houses and enhance the guests' comfort. The rooms are personalized spaces that suggest enjoyment and relaxation and, moreover, they contain hi-tech accessories that underline the concept of a break in the countryside combined with comfort; the hotel's peaceful setting is complemented by the services on offer.

This hotel's charisma is derived from the fusion between traditional architecture and warm, innovative interior decoration, all set off by its exceptional position in a picturesque landscape dotted with charming towns.

El Empordà,popularmente conocido como la Toscana catalana, goza de un clima privilegiado durante todo el año y alberga paisajes formados por pequeños pueblos medievales, bosques de chopos y caminos flanqueados por pinos. En este contexto se inscribe el Hotel del Teatre, que se extiende a dos masías del siglo XVIII que fueron restauradas sin perder su carácter particular y que ofrecen gran comodidad al huésped.

Las masías, que disponen de siete habitaciones, un comedor con techo abovedado, salón de lectura, piscina, jardín y terraza, gozan de la medida ideal para recrear un espacio acogedor. Las interioristas cuidaron cada detalle de la decoración para mantener la esencia de las antiguas casas de piedra, sin que por ello mengüe la comodidad del huésped. Utilizaron para este fin tonos térreos, muebles de madera y dejaron las paredes blancas, solución que acentúa el rejuvenecimiento de los volúmenes. Las habitaciones se presentan como espacios personalizados que invitan a la diversión y la tranquilidad y, además, incluyen accesorios tecnológicos avanzados que permiten compaginar la estancia en el campo con las necesidades de la era moderna. El apacible ambiente que proporciona el hotel se complementa con los servicios que se ofrecen al cliente.

El secreto de este establecimiento es el resultado de la fusión entre una arquitectura tradicional y un interiorismo novedoso y cálido, así como de un entorno de excepción entre poblaciones singulares y paisajes pintorescos.

HOTEL **DEL TEATRE**

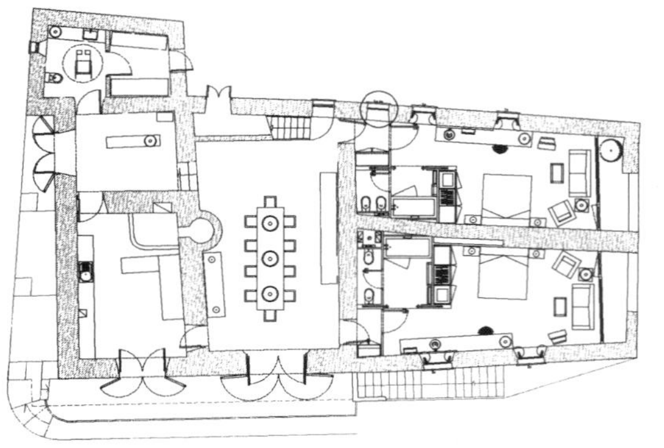

Ground floor Planta baja

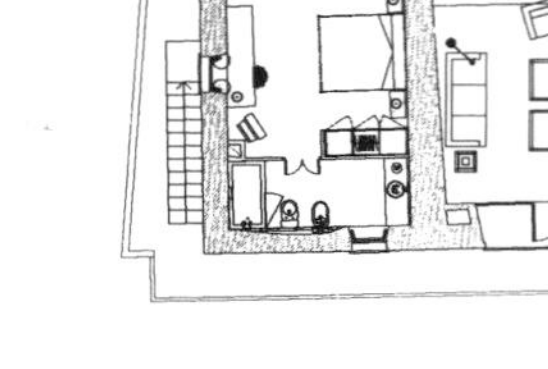

First floor Primer piso

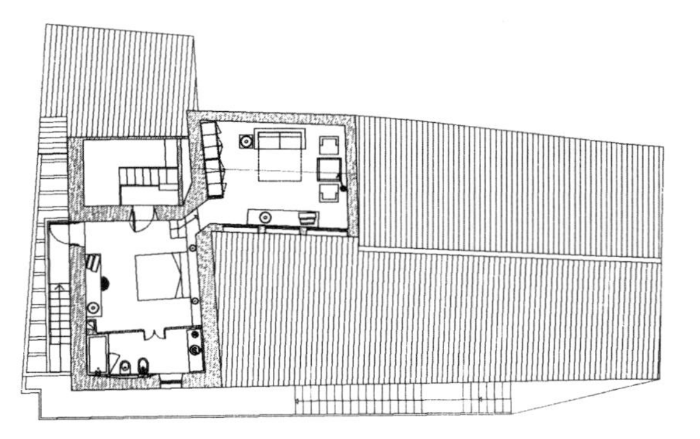

Roof plan Planta de cubiertas

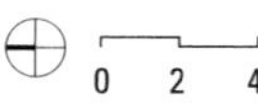

T

T

T

T

AENEA
Hotel

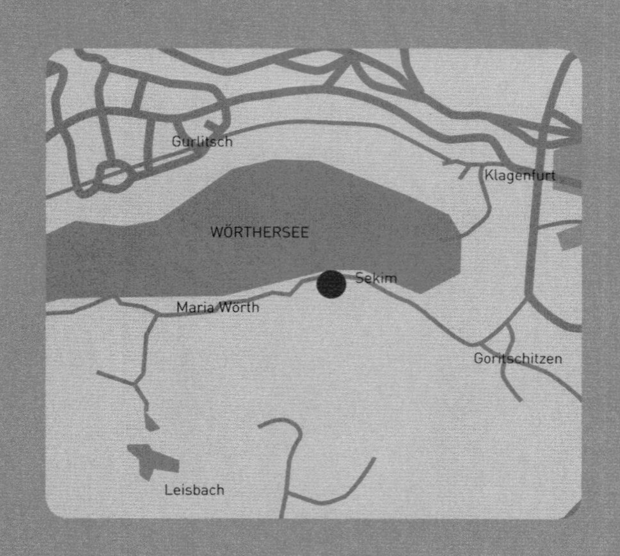
Gurlitsch
Klagenfurt
WÖRTHERSEE
Sekirn
Maria Wörth
Goritschitzen
Leisbach

Architect: Andreas Krainer
Interior design: Sabine Mescherowsky
Photographer: Soenne Fotodesign
Number of rooms: 15 suites
Price: 300-500 € per night
Address: Wörthersee Süduferstraße 86, A-9081 Reifnitz/Maria Wörth, Austria
Telephone: +43 4273 26220
E-mail: aenea@aenea.at
Website: www.aenea.at
Services: television, internet, library, tennis court, gym, indoor and outdoor swimming pool, sauna, conference room, restaurant and café with panoramic views

Arquitecto: Andreas Krainer
Diseño de interiores: Sabine Mescherowsky
Fotógrafo: Soenne Fotodesign
Número de habitaciones: 15 suites
Precio: 300-500 € por noche
Dirección: Wörthersee Süduferstraße 86, A-9081 Reifnitz/Maria Wörth, Austria
Teléfono: +43 4273 26220
Correo electrónico: aenea@aenea.at
Página web: www.aenea.at
Servicios: televisión, internet, biblioteca, pista de tenis, gimnasio, piscina interior y exterior, sauna, sala de conferencias, restaurante y cafetería con vistas panorámicas

aenea

HOTEL

The Hotel Aenea, situated on Cape Sekirn, offers stunning views of Lake Wöthersee. Andreas Krainer drew up a modern architectural project and adapted it to the context, thereby allowing it to benefit from the natural surroundings and provide comfort inside, where the design was the responsibility of Sabine Mescherowsky.

The hotel's façade combines various structural elements, such as metal and glass eaves and protruberances on the sides that resemble towers. The building also boasts extensive terraces and openings that offer fine views of the surrounding landscape. In the interior, all the details have been handled with meticulous care to create spaces that are both attractive and functional, with the lobby, library and bar converted into welcoming settings ideally suited for relaxation and well-being. The rooms have a living area as well as a sleeping area, and they are furnished with pieces designed by Minotti, Rodolfo Dordoni and Philippe Starck. The fourth floor houses the striking indoor swimming pool, while also providing spectacular views of the lake and its surroundings.

This project has integrated innovative architecture into an idyllic natural setting and added contemporary interior design, in which every piece contributes to the sense of space and comfort.

AENEA HOTEL

Situado en el cabo Sekirn, el Aenea goza de unas privilegiadas vistas a la orilla sur del lago Wöthersee. Andreas Krainer adaptó al contexto un proyecto arquitectónico moderno que permite disfrutar tanto de las posibilidades de la naturaleza del entorno como de las instalaciones interiores, cuyo diseño estuvo a cargo de Sabine Mescherowsky.

La fachada del hotel combina distintos elementos estructurales, como los aleros metálicos y acristalados o los salientes laterales a modo de torres. El edificio goza, además, de amplias terrazas y aberturas que permiten admirar el paisaje que circunda el emplazamiento. En el interior, se han cuidado todos los detalles para crear ambientes espaciosos, estéticos y funcionales. De esta manera, el vestíbulo, la biblioteca o el bar se convierten en acogedoras áreas que invitan al viajero a descansar. Las habitaciones disponen de una zona de estar y otra con un dormitorio amueblado con piezas diseñadas por Minotti, Rodolfo Dordoni y Philippe Starck. En la cuarta planta se encuentra la impactante piscina interior, desde donde los huéspedes pueden deleitarse con el espectáculo que ofrece el lago y sus alrededores.

Este proyecto conjuga con gran acierto una arquitectura innovadora con un escenario natural idílico sin que ello signifique haber desatendido el diseño interior, de gran calidad estética.

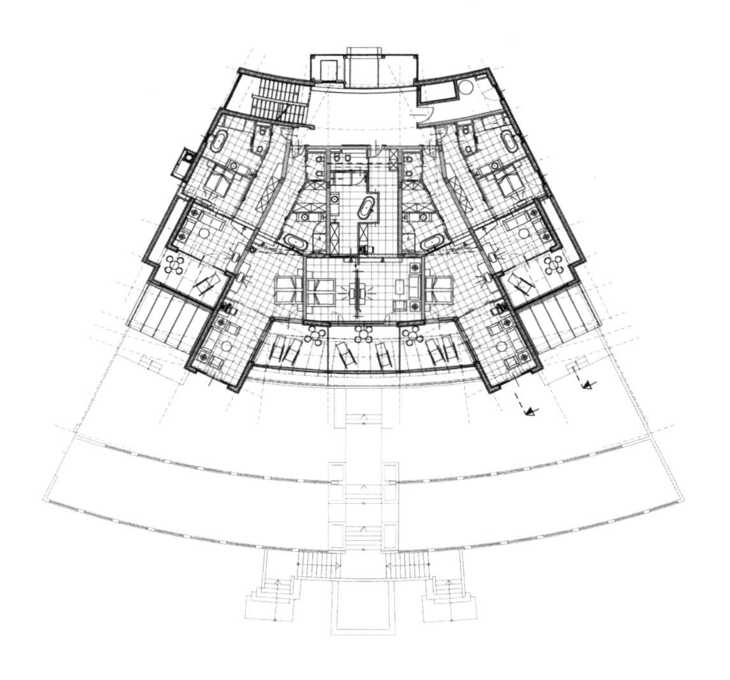

Type plan Planta tipo

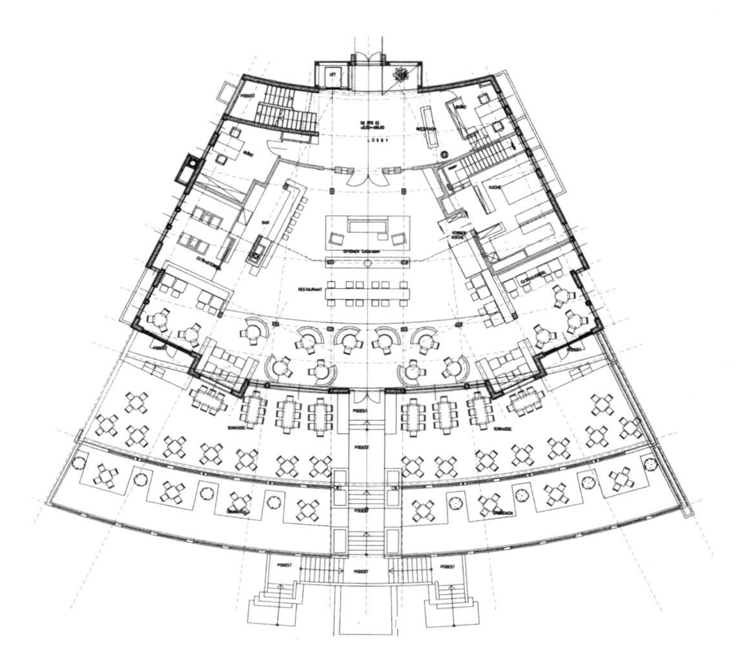

Ground floor Planta baja

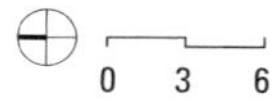

Hotel
ART

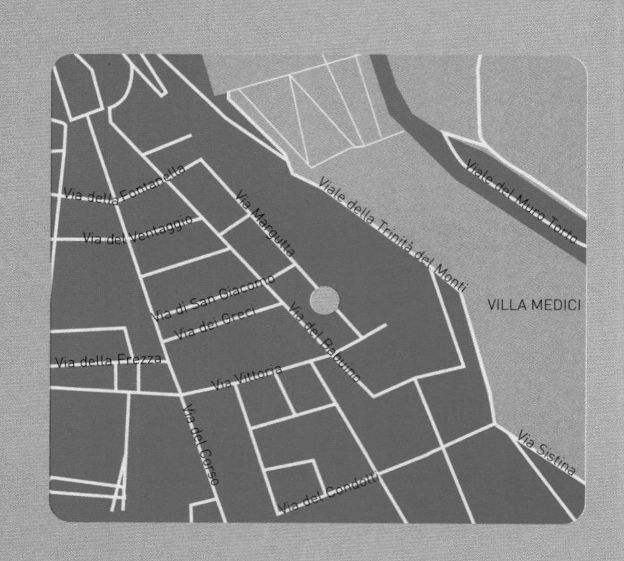
Via della Fontanella
Via del Ventaggio
Via Margutta
Viale della Trinità dei Monti
Viale del Muro Torto
VILLA MEDICI
Via di San Giacomo
Via dei Greci
Via del Babuino
Via della Frezza
Via Vittoria
Via del Corso
Via Sistina
Via del Condotti

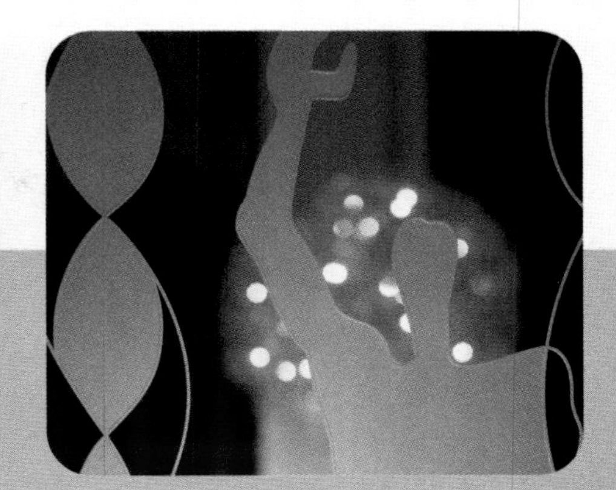

Architects: Raniero Botti and Gianfranco Mangiarotti
Collaborator: Enzo Catellani
Photographers: Sabrina Fusco and Andrea Getuli
Number of rooms: 46
Price: 284-930 € per night
Address: Via Margutta 56, 00187 Rome, Italy
Telephone: +39 06 328711
E-mail: info@hotelart.it
Website: www.hotelart.it
Services: television, internet, air conditioning, laundry service, gym, sauna, mini-bar and bar

Arquitectos: Raniero Botti y Gianfranco Mangiarotti
Colaborador: Enzo Catellani
Fotógrafos: Sabrina Fusco y Andrea Getuli
Número de habitaciones: 46
Precio: 284-930 € por noche
Dirección: Via Margutta 56, 00187 Roma, Italia
Teléfono: +39 06 328711
Correo electrónico: info@hotelart.it
Página web: www.hotelart.it
Servicios: televisión, internet, aire acondicionado, servicio de lavandería, gimnasio, sauna, minibar y bar

HOTEL **ART**

This hotel is situated in an old building that formerly housed a prestigious school. The architects Raniero Botti and Gianfranco Mangiarotti took as their starting point for the renovation the idea of conceiving the hotel as a shrine to art, from its very structure down to the tiniest details.

The unobtrusive entrance, barely noticeable among the art galleries of the Via Margutta, leads to a narrow passageway with marble walls and a white-stone floor, illuminated by a creation of wires and small light bulbs designed by the artist Enzo Catellani. The reception opens up into a magnificent space that was formerly the school chapel and now combines the ancient and the modern, the structure of a Byzantine church with new materials and colors.

The restored areas are distinguished by the use of various colors and a wide range of lighting. Guests can find themselves sleeping in rooms that are orange, yellow, blue or green, depending on the story; the furniture is equally bright and colorful, as in the case of the hara chairs on the patio, which were designed by Giorgio Curioli.

This hotel couples its imposing original structure with a modern, elegant and vividly colored design that fully honors its location next to Rome's Piazza di Spagna.

Hotel Art by the Spanish Steps

Este hotel se sitúa en un antiguo edificio donde en otra época se asentaba un importante centro educativo. Los arquitectos Raniero Botti y Gianfranco Mangiarotti llevaron a cabo la renovación partiendo de la idea de concebir el hotel, desde su estructura hasta los menores detalles, como una casa de arte.

Tras una pequeña entrada, disimulada entre las galerías de arte instaladas en la Via Margutta, se accede al estrecho pasillo de paredes de mármol con pavimento de piedras blancas e iluminación diseñada por el artista Enzo Catellani, una creación de alambre y pequeñas bombillas. La recepción se abre a un magnífico espacio que había sido la capilla de la escuela. En este punto es el escenario de un encuentro entre lo antiguo y lo moderno que protagonizan una estructura propia de las iglesias bizantinas y materiales y colores atrevidos.

Las zonas restauradas se distinguen gracias a la utilización de diversos colores y tipos de iluminación. Se pueden encontrar habitaciones en tonos naranja, amarillo, azul o verde, según la planta en la que se sitúen, y colores vivos en el mobiliario, como en las sillas Hara, diseñadas por Giorgio Curioli, y reunidas en el patio.

El diseño de este hotel conjuga la fuerza de la estructura existente con un diseño moderno, elegante y colorido, que hace honor a su emplazamiento junto a la romana plaza de España.

Section Sección

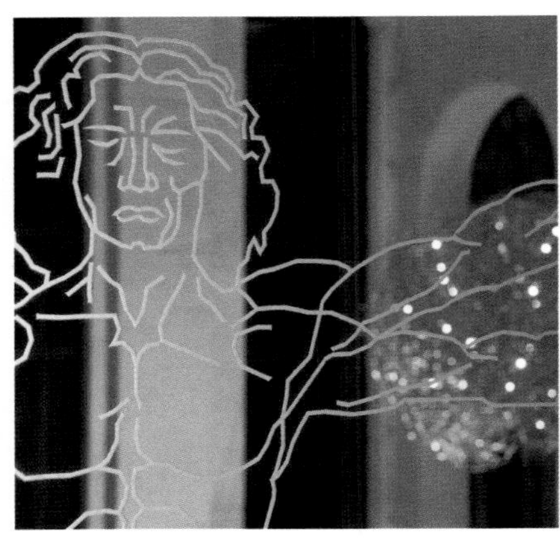

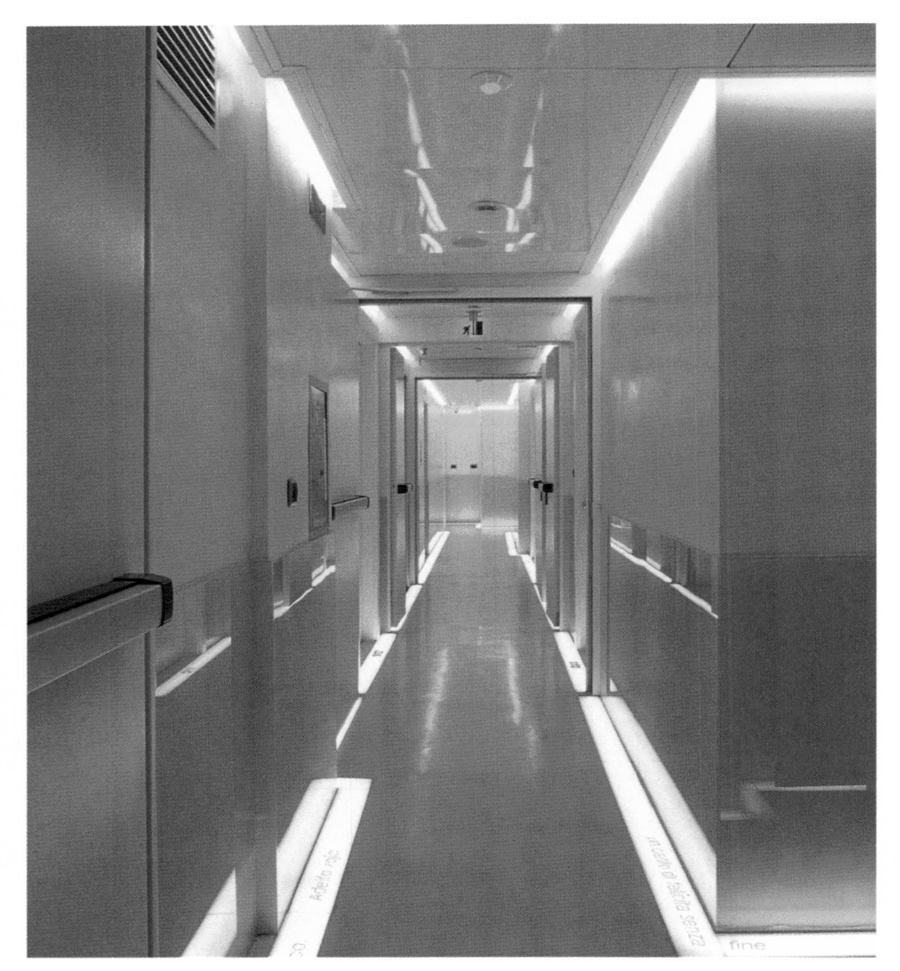

Myhotel
CHELSEA

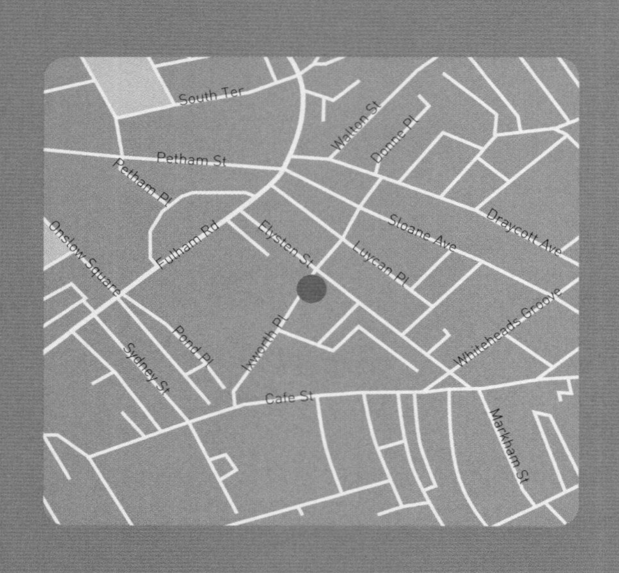

Architect: James Soane (Project Orange)
Photographer: Richard Learoyd
Number of rooms: 45
Price: 260-580 € per night
Address: 35 Ixworth Place, Chelsea, London SW3 3QX, United Kingdom
Telephone: +44 20 7225 7500
E-mail: mychelsea@myhotels.co.uk
Website: www.myhotels.com
Services: wifi technology, CD, DVD, television, internet, air conditioning, bar, gym, beauty parlor and library

Arquitecto: James Soane (Project Orange)
Fotógrafo: Richard Learoyd
Número de habitaciones: 45
Precio: 260-580 € por noche
Dirección: 35 Ixworth Place, Chelsea, Londres SW3 3QX, Reino Unido
Teléfono: +44 20 7225 7500
Correo electrónico: mychelsea@myhotels.co.uk
Página web: www.myhotels.com
Servicios: tecnología wifi, CD, DVD, televisión, internet, aire acondicionado, bar, gimnasio, salón de belleza y biblioteca

The Myhotel Chelsea is set in the commercial neighborhood of Brompton Cross, a stone's throw from the large department stores Harrods and Harvey Nichols, as well as the King's Road and Kensington Gardens. The building was designed by James Soane to recreate a modern country house.

The premise of the design was the realization that every guest who passes through it is "unique and individual". The interior was conceived as a blend of contemporary design and the style of an English country house. The rooms are sparsely furnished to bestow a greater sense of spaciousness. A single space can combine antique and modern furniture to conjure up a comfortable, sophisticated atmosphere. Moreover, several rooms are decorated in gentle, pastel colors, such as pale pink, and these help create peaceful settings that encourage guests to relax. The library is flooded with sunshine pouring in through the skylight that covers the ceiling; the space is organized around a mixture of different armchairs and sofas. This delightful setting was created exclusively as a spot to read, surf the Internet or listen to music – an enclave specially conceived and designed for leisure purposes.

The overall impression is that of a hotel that integrates the charisma of the pre-existing building with an original interior design concept, thereby establishing its own personality and style.

MYHOTEL **CHELSEA**

Myhotel Chelsea se emplaza en el barrio comercial de Brompton Cross, a poca distancia de los grandes almacenes Harrods y Harvey Nichols, de King's Road y Kensington Gardens. La edificación fue diseñada por James Soane y recrea una moderna casa de campo.

La premisa de este diseño era considerar que el cliente que se hospedara en él iba a ser "único e individual". Por ello, el interior se concibió como una combinación de diseño contemporáneo y estilo inglés de casa de campo. Las habitaciones se amueblaron con pocas piezas para conferir una mayor sensación de amplitud. En un mismo espacio se combinaron muebles antiguos y modernos que han dado lugar a una confortable y refinada estancia. Por otra parte, en varios dormitorios, los tonos claros y pasteles, como el rosa pálido o el blanco, contribuyen a crear ambientes tranquilos que invitan al reposo. En la biblioteca, la luz cenital adquiere protagonismo gracias a una claraboya de las dimensiones de la habitación; el espacio está organizado con la alternancia de diversos sillones y sofás. Esta agradable atmósfera se ideó exclusivamente como rincón de lectura, para la utilización de internet o escuchar música; un enclave pensado y diseñado para el ocio.

El conjunto es un hotel que integra el carisma del edificio preexistente con el original concepto de diseño interior, subrayando su propia personalidad y estilo.

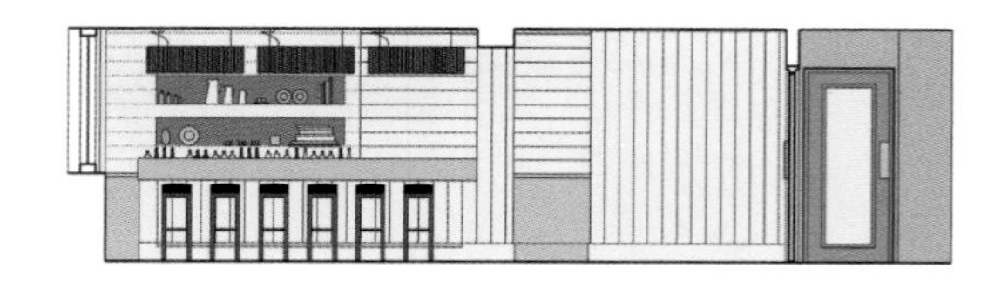

Ground floor elevations Alzados de la planta baja

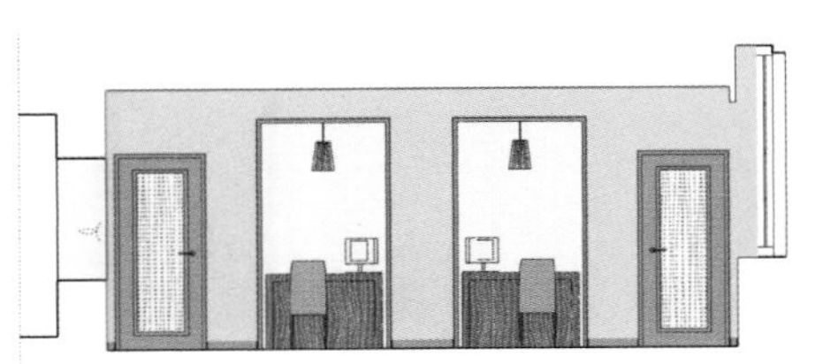

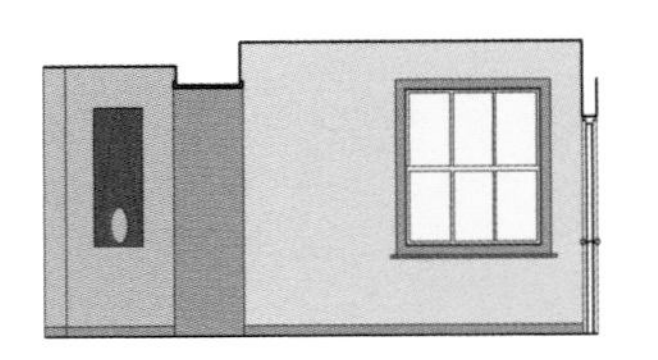

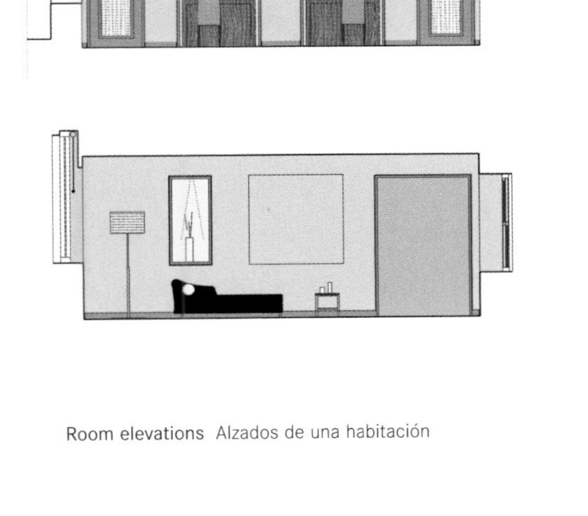

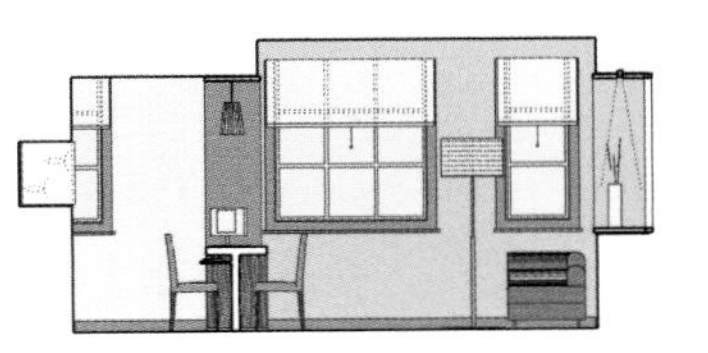

Room elevations Alzados de una habitación

Hotel OMM

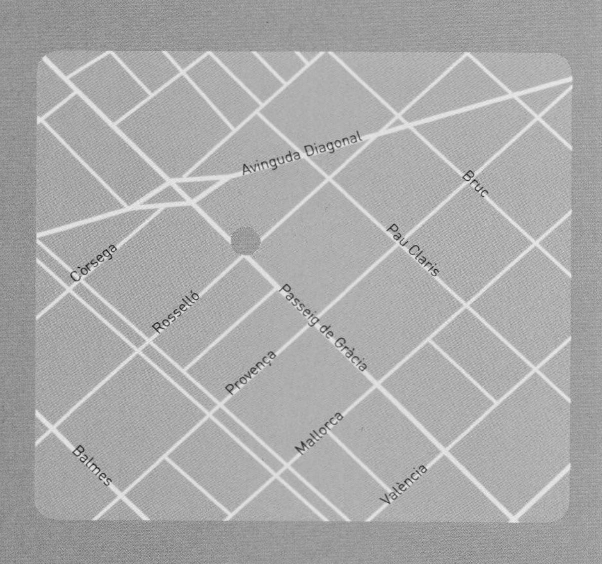
Avinguda Diagonal
Bruc
Pau Claris
Còrsega
Rosselló
Passeig de Gràcia
Provença
Mallorca
Balmes
València

Architects: Juli Capella and Miquel García (collaborating architect)
Interior designers: Sandra Tarruella and Isabel López
Photographer: Pere Planells
Number of rooms: 52 doubles, 6 penthouses and 1 suite
Price: 290-500 € per night
Address: Rosselló 265, 08008 Barcelona, Spain
Telephone: +34 93 445 4000
E-mail: reservas@hotelomm.es
Website: www.hotelomm.es
Services: Moo restaurant, bar, outdoor swimming pool, parking, internet and wifi technology in the rooms and rental of portable computer

Arquitectos: Juli Capella y Miquel García (arquitecto colaborador)
Interioristas: Sandra Tarruella e Isabel López
Fotógrafo: Pere Planells
Número de habitaciones: 52 dobles, 6 superior y 1 suite
Precio: 290-500 € por noche
Dirección: Rosselló 265, 08008 Barcelona, España
Teléfono: +34 93 445 4000
Correo electrónico: reservas@hotelomm.es
Página web: www.hotelomm.es
Servicios: restaurante Moo, bar, piscina exterior, aparcamiento, internet y tecnología wifi en las habitaciones y alquiler de ordenador portátil

The choice of the name of OMM, the mantric syllable recited as an aid to meditation, defines this hotel, conceived as a serene and relaxing setting that tends to focus on the essential and forswear luxury and ostentation. The project was drawn up by Juli Capella and the interior designers Sandra Tarruella and Isabel López with the intention of creating a warm hotel and restaurant proper to Barcelona's urban environment.

The idea schemed up for the main façade consists of a panel that fits like a skin, broken up by various cuts with curved shapes through which the light can penetrate inside. These windows were placed to face the best views, as well as to take advantage of the noon sunshine, and they satisfy aesthetic criteria as well as requirements for interior distribution. The interplay of these forms has made the façade a point of reference for new architecture in Barcelona. Inside, the rooms have been laid out to make the most of the space and the sunlight. The interior decoration is based on simple lines, a balanced approach to colors and forms, and the use of natural materials without any adornments or artificial additions. This philosophy is reflected in the corridor covered with black rubber, with two strips of light that create an atmosphere of futuristic fantasy that contrasts with the interior of the rooms.

This project resulted in a hotel with an extremely functional design that nevertheless did not renounce an imaginative search for a distinctive look.

HOTEL **OMM**

La elección del nombre de OMM, sílaba del mantra recitada como apoyo a la meditación, define este hotel, concebido para crear un ambiente sereno y relajante que tiende a buscar lo esencial prescindiendo del lujo y la ostentación. El proyecto de Juli Capella y las interioristas Sandra Tarruella e Isabel López se ha llevado a cabo con el objetivo de propiciar un hotel y un restaurante cálidos, propios del entorno urbano barcelonés.

La propuesta ideada para la fachada principal consiste en una lámina a modo de epidermis con diversos cortes que se curvan y por donde se filtra la luz. La orientación de las ventanas busca obtener las mejores vistas así como para captar la luz del sol de mediodía, y responde tanto a los criterios estéticos como a las necesidades interiores de distribución. El juego de estos volúmenes convierte la fachada en un referente de la nueva arquitectura de Barcelona. En el interior, las habitaciones se han dispuesto para optimizar al máximo el espacio y la iluminación natural. La decoración se ha basado en la simplicidad de líneas, en el equilibrio de colores y volúmenes, y en el uso de materiales naturales sin adornos ni artificios. Esta intención se refleja en el pasillo, recubierto de caucho negro, con dos raíles de luz que crean una atmósfera de fantasía futurista y que contrasta con el interior de las habitaciones.

El conjunto da vida a un hotel de diseño de alta funcionalidad que no renuncia a la búsqueda imaginativa de una estética propia.

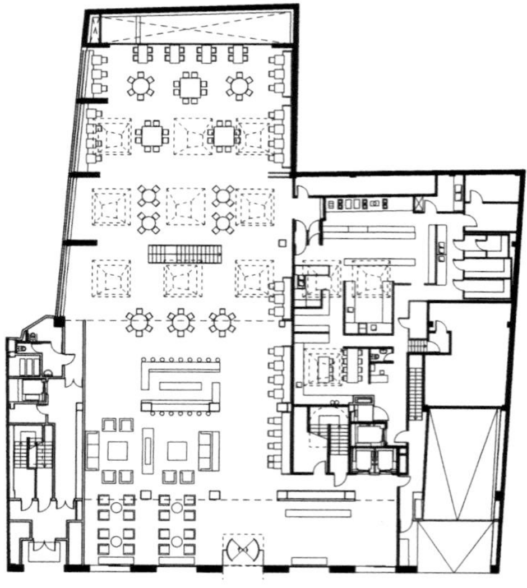

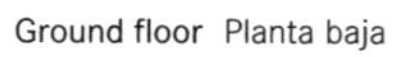

Ground floor Planta baja

Type plan Planta tipo

LA BANANE

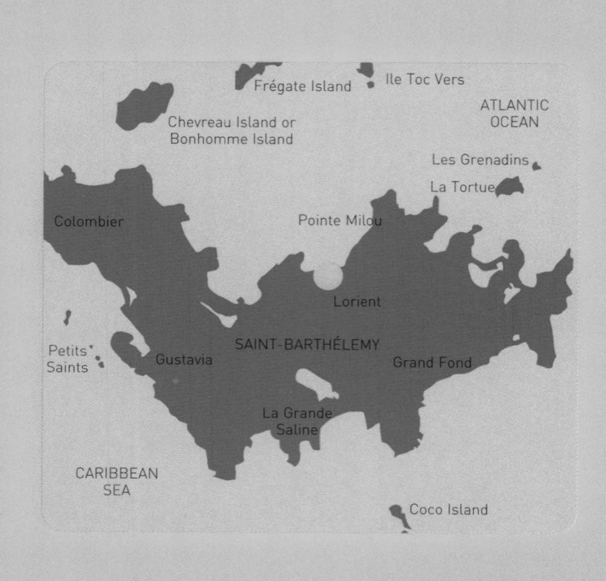
Frégate Island
Ile Toc Vers
ATLANTIC
OCEAN
Chevreau Island or
Bonhomme Island
Les Grenadins
La Tortue
Colombier
Pointe Milou
Lorient
Petits
Saints
Gustavia
SAINT-BARTHÉLEMY
Grand Fond
La Grande
Saline
CARIBBEAN
SEA
Coco Island

Architects: Pierre Hoet and Didier Bindels (Instore)
Photographers: Tine Rainer, Marcel Jolibois and Claude Rigaud
Number of rooms: 9
Price: 320-800 € per night
Address: Baie de Lorient, 97133 Saint Barthélemy, French West Indies
Telephone: +59 0590 520 300
E-mail: info@labanane.com
Services: safe, massages, manicure and pedicure, swimming pools, internet, television, DVD, CD, air conditioning, mini-bar, bar, car and boat

Arquitectos: Pierre Hoet y Didier Bindels (Instore)
Fotógrafos: Tine Rainer, Marcel Jolibois y Claude Rigaud
Número de habitaciones: 9
Precio: 320-800 € por noche
Dirección: bahía de Lorient, 97133 Saint Barthélemy, Indias occidentales francesas
Teléfono: +59 0590 520 300
Correo electrónico: info@labanane.com
Servicios: caja fuerte, masajes, manicura y pedicura, piscinas, internet, televisión, DVD, CD, aire acondicionado, minibar, bar, coche y barco

la banane

HOTEL DE CHARME, SAINT BARTHELEMY

This hotel with pure, austere lines is located on a lush island with unspoiled beaches – a surfer's paradise, an ideal place to get away from it all and recharge batteries.

This is the idyllic setting for La Banane, a hotel that combines contemporary design with local architecture to create an unbeatable hideaway. The hotel comprises nine independent suites, each with its own terrace, scattered around a larger nucleus; each chalet is named after a fruit, reflecting the exotic surroundings. The design is imbued with a minimalist spirit, marked by sharp lines coupled with the elegant harmony derived from the use of exquisite fabrics and soft colors. The design is complemented by features intended to enhance the guests' comfort. The bathrooms open onto patios or private gardens, making ablutions a ritual submersion into the striking fragrances of the island. All the services are focused on satisfying the guests' desires while also protecting their intimacy. The architecture has incorporated building materials that blend into the natural framework of the island and respect its landscape.

The unique atmosphere of this hotel makes it an unbeatable spot for enjoying all types of marine sports, delicious food, glorious weather and a deep, uplifting calm.

Este hotel de líneas sobrias y puras se enmarca en una isla de densa vegetación y arena inmaculada; un paraíso para los surfistas, paseantes y amantes de la serenidad.

La Banane, un hotel que combina diseño contemporáneo y arquitectura autóctona, es un archipiélago de nueve suites independientes distribuidas en torno a una casa principal, cada chalé lleva el nombre de una fruta, que evoca el exotismo que los rodea, y dispone de terraza propia. El diseño sigue un espíritu minimalista de líneas perfiladas, y mantiene la elegante armonía gracias a la utilización de telas delicadas y de tonos suaves, así como de elementos de diseño que aportan gran comodidad al huésped. Los baños se abren a patios o jardines privados que convierten la ducha en un ritual de aromas originales de la isla. Todos los servicios contribuyen a satisfacer los deseos del cliente así como a preservar su intimidad. En cuanto a los materiales de construcción, se ha conciliado la arquitectura con el marco natural de la isla respetando su paisaje.

La atmósfera única de este establecimiento lo consagra como un espacio auténtico donde poder disfrutar de las actividades marítimas, de la sabrosa gastronomía, del excelente clima y de una tranquilidad profunda y renovadora.

HOTEL **LA BANANE**

Una Hotel VITTORIA

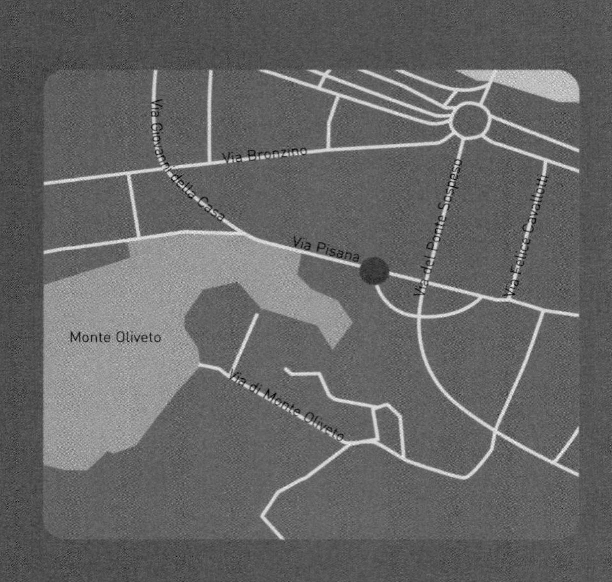

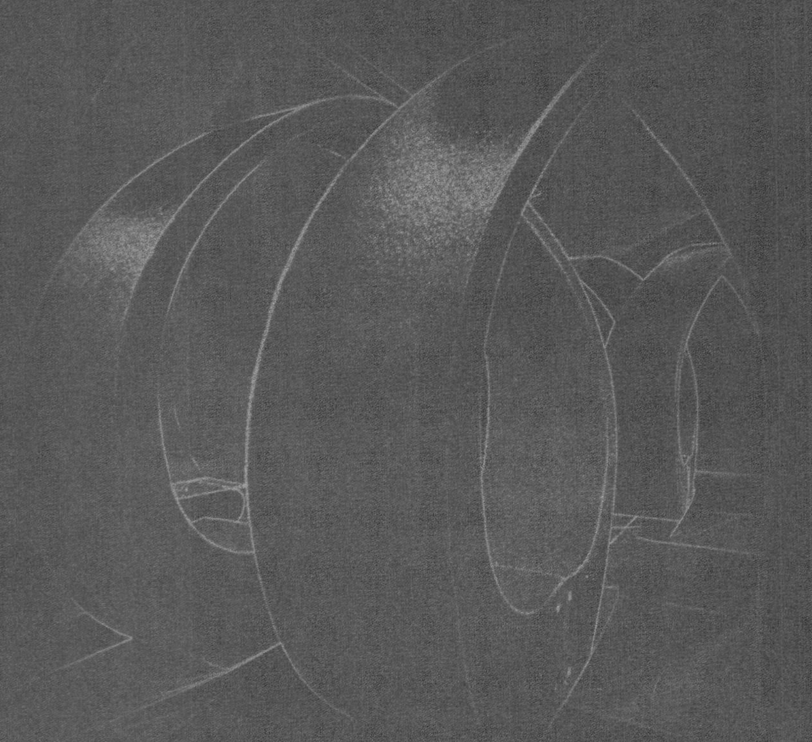

Architect: Fabio Novembre
Photographer: Yael Pincus
Number of rooms: 84
Price: 278-476 € per night
Address: Via Pisana 59, 50143 Florence, Italy
Telephone: +39 055 22771
E-mail: una.vittoria@unahotels.it
Website: www.unahotels.it
Services: internet, wifi technology; choice of pillow

Arquitecto: Fabio Novembre
Fotógrafa: Yael Pincus
Número de habitaciones: 84
Precio: 278-476 € por noche
Dirección: Via Pisana 59, 50143 Florencia, Italia
Teléfono: +39 055 22771
Correo electrónico: una.vittoria@unahotels.it
Página web: www.unahotels.it
Servicios: internet, tecnología wifi; elección de almohada

The Una Hotel Vittoria is situated in the historic quarter of San Frediano, a delightful area of Florence bordering on the River Arno. It was formerly an industrial site but it has been modified by the original intervention of the architect and designer Fabio Novembre.

The architect drew on the idea of Florence as a fertile territory for art to flourish over the course of history; he imagined the hotel as a large tree that stretches out its branches to provide its guests with a space that is both functional and inspirational. Each room is conceived in a special way, different from all the others, to ensure a warm, personal welcome.

Right from the entrance, the interior spaces are divided into several independent but interconnected units, functional areas clad with a range of materials, such as mosaics, leather and fabric. In the reception, for example, floral motifs climb up to the top of the desk, while in the bar the counter turns in on itself to form a spiral. The restaurant is similarly striking, with a central area dominated by an S-shape table, designed by the Van Lieshout studio, where guests are encouraged to mingle and share the experience.

This project is more than a hotel. It can be interpreted as a narrative space that conveys the delightful feeling of forming part of a comfortable, innovative setting.

UNA HOTEL **VITTORIA**

El Una Hotel Vittoria se sitúa en el histórico barrio de San Frediano, una atractiva zona de Florencia, próxima al río Arno. Se trata de un espacio industrial modificado gracias a la original intervención del arquitecto y diseñador Fabio Novembre.

El arquitecto trabajó la idea de que la ciudad de Florencia había sido a lo largo de la historia un terreno fértil para el florecimiento de las artes; así pues, imaginó el hotel como un gran árbol que extiende sus ramas para ofrecer un espacio funcional y de inspiración. Cada habitación fue concebida de forma individualizada para potenciar la calidez en la acogida del huésped. Ya desde la entrada, el interior se divide en diversos volúmenes independientes pero conectados entre sí; son zonas funcionales revestidas de diversos materiales como mosaicos, cueros o telas. En la recepción, por ejemplo, los motivos florales trepan hacia el mostrador, mientras que en el bar, la barra gira sobre sí misma para crear una espiral. Destaca también el restaurante, cuyo espacio central está conquistado por una mesa en forma de S, diseñada por el estudio Van Lieshout, y donde los comensales están invitados a compartir e intercambiar impresiones.

Este proyecto es más que un hotel. Puede percibirse como un espacio narrativo que transmite al visitante la sorprendente sensación de ser acogido en un ambiente confortable y novedoso.

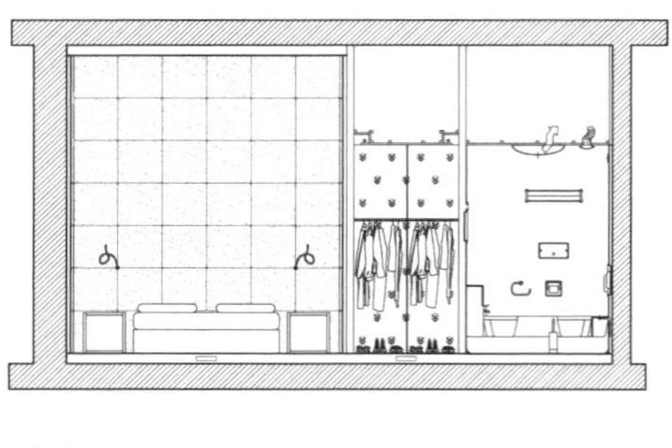

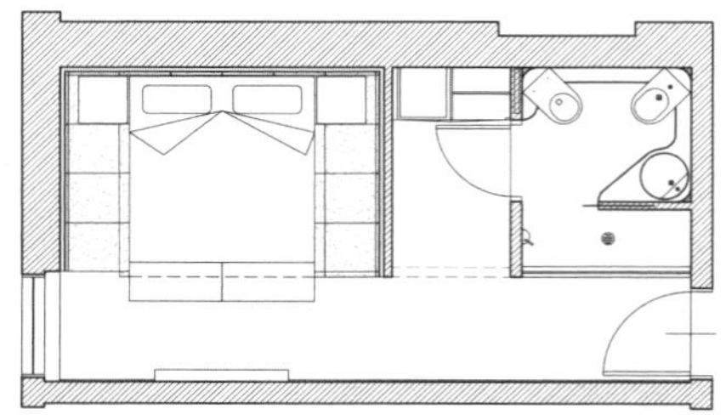

Room plan and elevation Planta y sección de la habitación

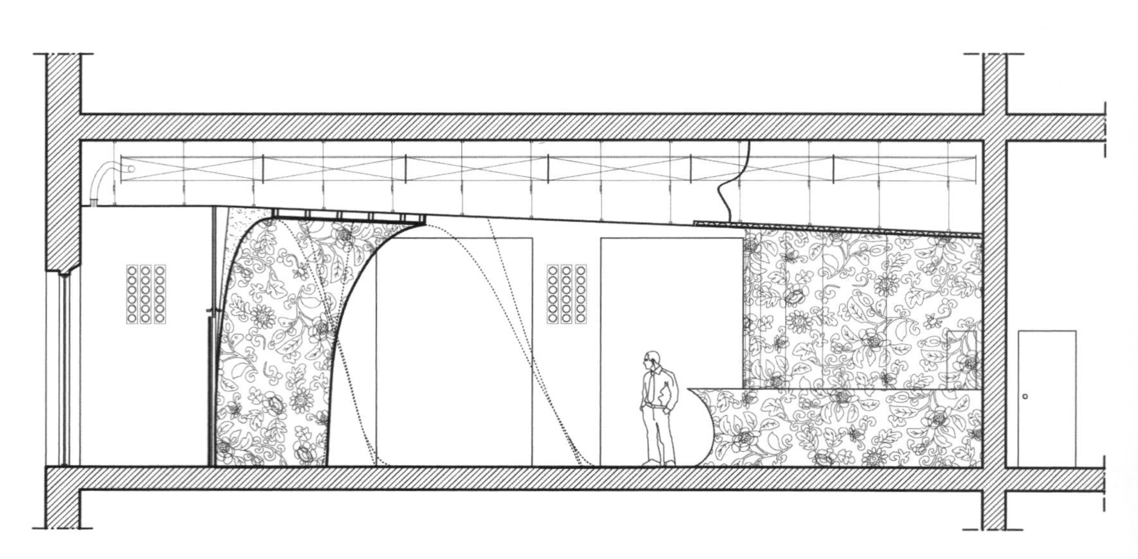

Section Sección

Hotel
AXEL

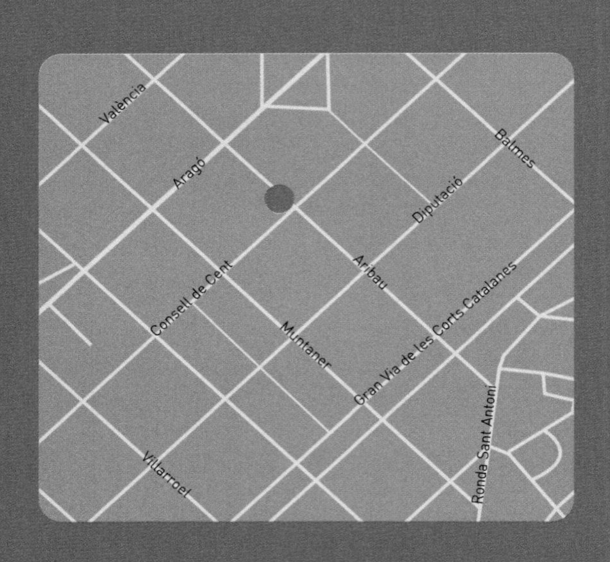
València
Aragó
Balmes
Diputació
Aribau
Consell de Cent
Muntaner
Gran Via de les Corts Catalanes
Ronda Sant Antoni
Villarroel

Architects: X-Arquitectura (Miguel Ángel Caballero and Xavier Rubio Coll)
Interior design: Denys & Von Arend (Nathalie Denys and Patricia von Arend)
Photographer: Sonia Ros
Number of rooms: 66
Price: 180 € per night
Address: Aribau 33, 08011 Barcelona, Spain
Telephone: +34 93 323 93 93
E-mail: info@hotelaxel.com
Website: www.hotelaxel.com
Services: restaurant, cocktail bar, conference room, room service, internet in the rooms, à la carte video, gym, swimming pool, solarium, Finnish sauna, steam sauna, jacuzzi, library and boutique

Arquitectos: X-Arquitectura (Miguel Ángel Caballero y Xavier Rubio Coll)
Diseño de interiores: Denys & Von Arend (Nathalie Denys y Patricia von Arend)
Fotógrafa: Sonia Ros
Número de habitaciones: 66
Precio: 180 € por noche
Dirección: Aribau 33, 08011 Barcelona, España
Teléfono: +34 93 323 93 93
Correo electrónico: info@hotelaxel.com
Página web: www.hotelaxel.com
Servicios: restaurante, cóctel-bar, salas de reuniones, servicio de habitaciones, internet en las habitaciones, vídeo a la carta, gimnasio, piscina, solárium, sauna finlandesa, sauna vapor, jacuzzi, biblioteca y boutique

HOTEL AXEL

The idea of the Hotel Axel was to offer newly designed accommodation at a price that compared reasonably with other hotels in Barcelona. The interior designers set about creating an innovative setting that was also welcoming and intimate.

The architects preserved the building's façade, with all the typical characteristics of Barcelona's Eixample neighborhood – high doors with moldings, roof cornices and tiles – but adapted it to the new project. All the spaces were designed with functionality in mind, although great care was also taken with the warm color scheme and the addition of original touches. So, the lobby is dominated by white and by the amusing shape of the reception desk, reminiscent of a hamburger; in contrast, the bar-restaurant is decorated with earthy colors that change throughout the day to create different settings for each meal. The interior designers have taken pains with even the tiniest details, including the corridors, with their startling lighting and sculptural numbers by each door. The rooms themselves contain light furniture that guests can rearrange according to their whim, and every bed has its own different headrest.

The end result is a daring, sensual hotel that marries functionality and design and offers its guests the maximum comfort for resting and enjoying their stay.

La propuesta del Axel es ofrecer un hotel de nuevo diseño a un precio razonable respecto a otros hoteles de Barcelona. Las interioristas se propusieron entonces crear un espacio innovador, al mismo tiempo que acogedor e íntimo para los viajeros.

La fachada del edificio, característica del barrio del Eixample barcelonés, se ha conservado y adaptado al nuevo proyecto. Todos los espacios se diseñaron teniendo en cuenta la funcionalidad, así como el color, la calidez y la originalidad. De esta forma, en el vestíbulo predomina el color blanco y destacan divertidas formas como la del mostrador, que se asemeja a una hamburguesa; sin embargo, en el bar restaurante predominan los tonos térreos que contribuyen a crear ambientes diferentes para cada comida del día. Las interioristas han cuidado hasta el mínimo detalle, incluidos los pasillos, que sorprenden con su iluminación y con sus gruesos números en relieve junto a las habitaciones. Por otro lado, los dormitorios albergan muebles ligeros para que el huésped pueda disponer del espacio a su gusto, así como diferentes cabeceras en cada cama.

El resultado es un atrevido y sensual hotel que conjuga funcionalidad y diseño y ofrece a los visitantes todas las comodidades; un lugar que invita al descanso y al goce.

HOTEL **AXEL**

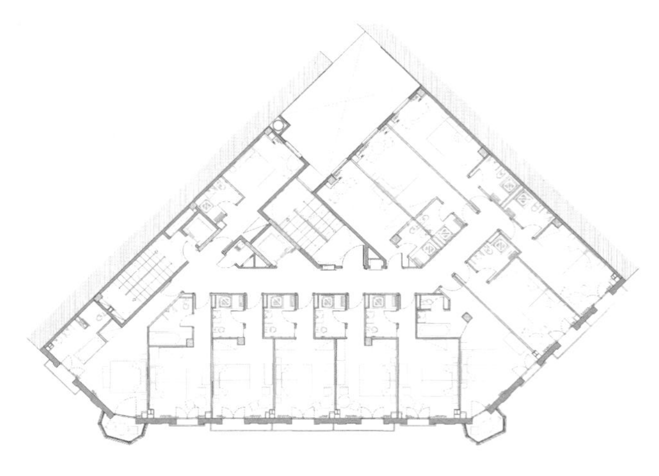

Type plan Planta tipo

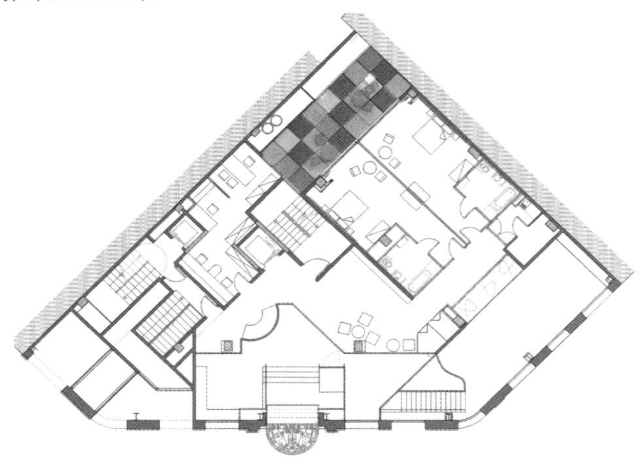

Ground floor mezzanine Altillo de la planta baja

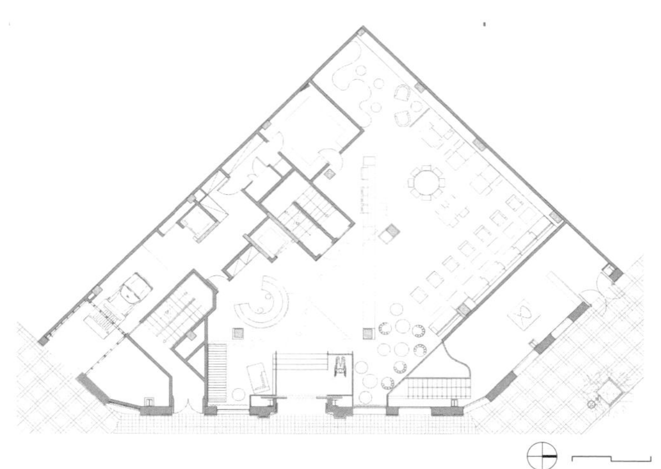

0 2 4

Ground floor Planta baja

NORDIC LIGHT

Hotel

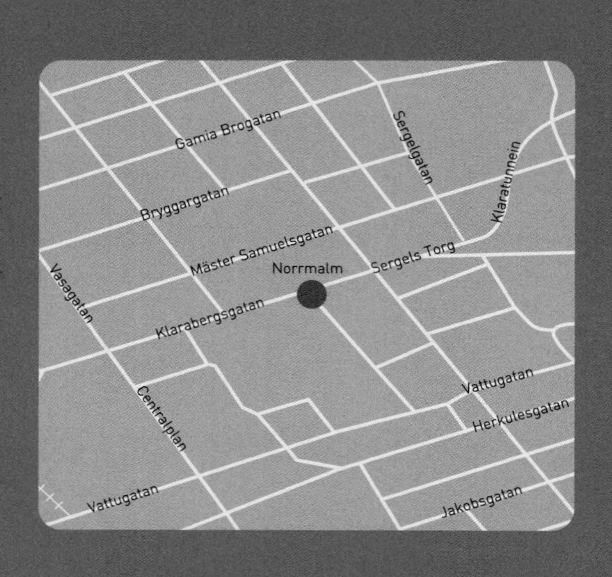

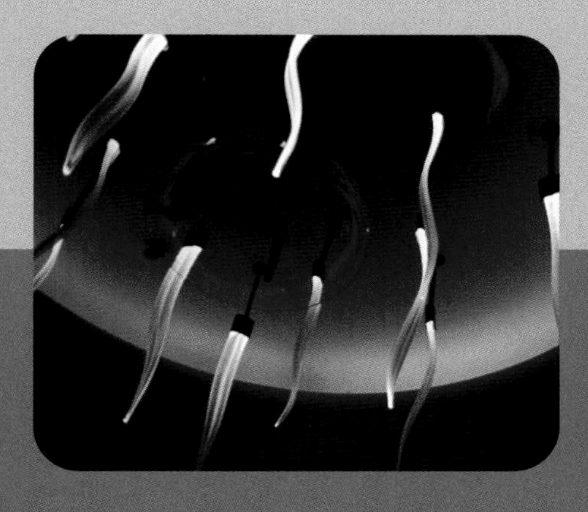

Architect: Rolf Löwenborg

Collaborators: Lars Pihl and Jan Söder (interior design), Kai Piippo (lighting)

Photographer: Michael Perlmutter

Number of rooms: 175

Price: 200-400 € per night

Address: Vasaplan, Box 884, SE-101 37 Stockholm, Sweden

Telephone: +46 8 50563000

E-mail: bokning@nordichotels.se

Website: www.nordiclighthotel.com

Services: internet and cable television, Hästens beds, Temple Spa baths, restaurant, bar, mini-gym and sauna

Arquitecto: Rolf Löwenborg

Colaboradores: Lars Pihl y Jan Söder (diseño interior), Kai Piippo (iluminación)

Fotógrafo: Michael Perlmutter

Número de habitaciones: 175

Precio: 200-400 € por noche

Dirección: Vasaplan, Box 884, SE-101 37 Estocolmo, Suecia

Teléfono: +46 8 50563000

Correo electrónico: bokning@nordichotels.se

Página web: www.nordiclighthotel.com

Servicios: internet y televisión por cable, camas Hästens, baños de Temple Spa, restaurante, bar, minigimnasio y sauna

The Nordic Light comprises part of a small chain of hotels whose starting points are excellent design, a central location and impeccable service. This particular project was primarily inspired by the type of sunlight that characterizes Sweden and fascinates travelers since, due to the country's latitude, the light varies radically according to the season. This project sought to reflect this unusual phenomenon by creating a range of light sources that vary in color and intensity.

The architects and designers conceived an interconnection between the natural light outdoors and the lighting inside, and even went so far as to project images that subtly evoke snow and flowers on to the walls. The same concept underlies the Icebar, a bar inside its nearby sister hotel, the Nordic Sea, which is built entirely out of ice, right down to the glasses.

The inspiration of light endows the hotel with purity, simplicity and transparency in both forms and colors. The same approach governs the furniture and decorative complements, such as the bed surrounded by lights operated by seven different programs, making it possible for guests to vary the light according to their tastes. Moreover, the contrasts between the pure nebulousness of the Nordic whites and the dark motifs give rise to a sober, elegant minimalism that does not neglect warmth.

The designers themselves see this hotel as part of an "experience" that visitors live from the very first moment they enter the Nordic Light.

NORDIC LIGHT HOTEL

El Nordic Light configura, junto con el Nordic Sea, una cadena de hoteles cuyas premisas son el buen diseño, la céntrica ubicación y el inmejorable servicio. Este proyecto partió de la iluminación natural que caracteriza a Suecia, que fascina a los viajeros, y cuya latitud se refleja en el cambio de las estaciones. El proyecto de este hotel consistió en trasladar esta singularidad del entorno creando diferentes fuentes de luz que varían en color e intensidad.

Los arquitectos y diseñadores concibieron una interconexión entre la luz natural exterior y la luz interior, incluso al proyectar en las paredes graduales efectos de nieve o flores. En esta misma línea también se ha erigido el Icebar, un bar permanente en el interior del Nordic Sea –contiguo al Nordic Light–, construido completamente con hielo, incluidos los vasos.

La inspiración de la luz aporta al hotel pureza, simplicidad y transparencia de formas y colores. La propuesta se trasladó al mobiliario y a complementos decorativos, como la cama que está rodeada de luces y cuyos siete programas de iluminación permiten crear diferentes ambientes a gusto del huésped. Por otro lado, los contrastes surgidos entre la pureza y la vaporosidad del blanco nórdico con los motivos oscuros dan lugar a una elegancia minimalista y sobria que no descuida la calidez.

Según los propios diseñadores, este hotel forma parte de un concepto descrito como una "experiencia" que el visitante vivirá desde el primer momento que se adentre en el Nordic Light.

nordic hotel
nordic hotel

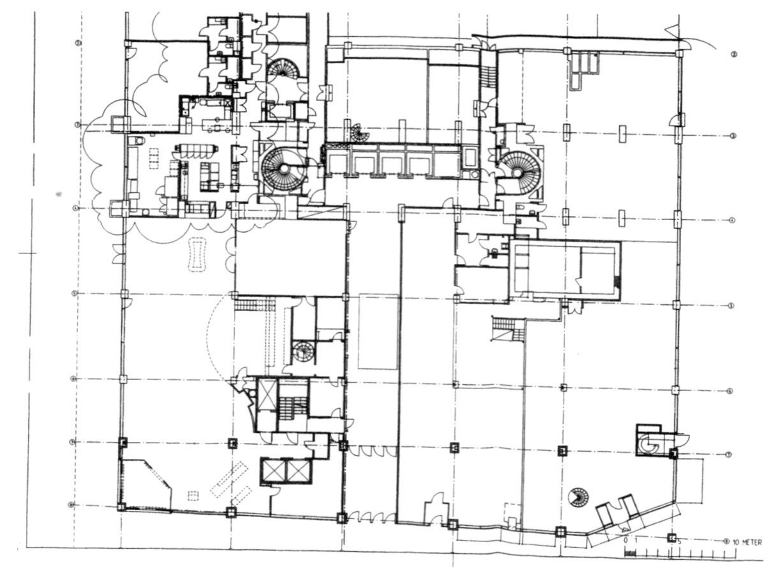

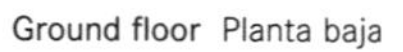

Ground floor Planta baja

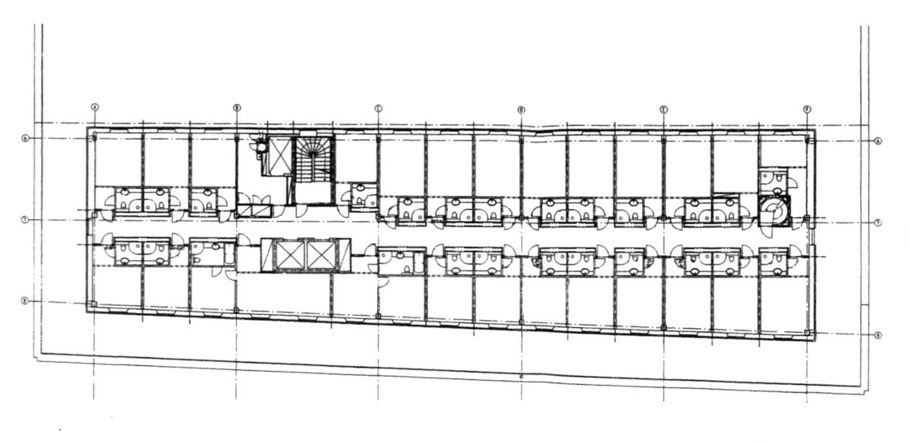

Type plan Planta tipo

0 4 8

Hotel JOSEF

Vitkov
Konevova
Biskupcova
Jeseniova
Jitrnova
Rohacova
Parukarka
Malesicka
Praha 3
Olsanka
Chelcickeho
Taboritska
Zidovske
Hrbitovy
Olsanske
Hrbitovy
Lucemburska
Premyslovska
Izraelska
Vinohradska
Stezska
Sobeslavska
Srobarova

Architects: Eva Jiricna Architects Ltd. (Eva Jiricna, Duncan Webster, Gabriel Alexander, Christine Humphreys)
Collaborators: A.I. Design sro (Petr Vagner)
Photographer: Ivan Nemec
Number of rooms: 110
Price: 145-295 € per night
Address: Rybná 20, 11000 Prague 1, Czech Republic
Telephone: +420 2217 00111
E-mail: office@hoteljosef.com
Website: www.hoteljosef.com
Services: internet, bar and gym

Arquitectos: Eva Jiricna Architects Ltd. (Eva Jiricna, Duncan Webster, Gabriel Alexander, Christine Humphreys)
Colaboradores: A.I. Design sro (Petr Vagner)
Fotógrafo: Ivan Nemec
Número de habitaciones: 110
Precio: 145-295 € por noche
Dirección: Rybná 20, 11000 Praga 1, República Checa
Teléfono: +420 2217 00111
Correo electrónico: office@hoteljosef.com
Página web: www.hoteljosef.com
Servicios: internet, bar y gimnasio

The Hotel Josef is situated in the center of Prague's old town, at the confluence of three streets. The proposal to make a modern architectural intervention in the city's historic quarter was a challenge that demanded special respect when it came to blending the old and new.

The hotel comprises two buildings linked by an extensive garden measuring over 1,000 sq ft. The architects confined the public areas – the reception, dining room and conference rooms – to the basement and ground floor, leaving the remainder for the 110 rooms. The main entrance was conceived as a peaceful, monochrome space in which flowers and objects are set in such a way that they set up different atmospheres. The dining room evokes the era of Czech Modernism in the 1930s. The bedrooms are designed to provide maximum comfort within fixed spatial conditions, although some are enlarged by the incorporation of bathrooms with glass screens and mirrors on the doors that reflect the exterior and add another dimension to the interior. The rooms on the upper floors also boast terraces that offer splendid views of the city.

This hotel stands out for not only its contemporary design but also its architectural ingenuity, which has managed to take full advantage of light and form within restrictive spatial demands.

HOTEL **JOSEF**

El hotel Josef está situado en el centro del casco antiguo de Praga, en un espacio urbano donde confluyen tres calles. La propuesta de una intervención arquitectónica moderna en el centro histórico de Praga era un reto que requería especial atención en la transición de lo antiguo a lo nuevo.

El hotel se compone de dos edificios que se comunican a través de un extenso jardín de 102 m^2. La distribución de la construcción consistió en situar las zonas públicas –recepción, comedor y sala de conferencias– en el sótano y la planta baja, dejando el resto del volumen para las 110 habitaciones. La entrada principal fue concebida con el fin de crear un tranquilo espacio monocromático donde las flores y los objetos se dispusieran de tal manera que crearan diferentes atmósferas. El comedor evoca el periodo del modernismo checo de la década de 1930. Por otro lado, las habitaciones se diseñaron para aportar la máxima comodidad dentro de unas condiciones espaciales establecidas. Algunas de estas estancias contribuyen a ampliar el espacio incorporando baños con mamparas de cristal y puertas de espejo, que reflejan el exterior y dan al interior otra dimensión. Las habitaciones de los pisos superiores poseen a su vez terrazas desde donde poder apreciar unas espléndidas vistas de la ciudad de Praga.

El conjunto es un hotel de diseño contemporáneo y de ingeniosa resolución arquitectónica que ha sabido conjugar los imperativos restrictivos del espacio con la utilización de la luz y de los volumenes.

BAR josef

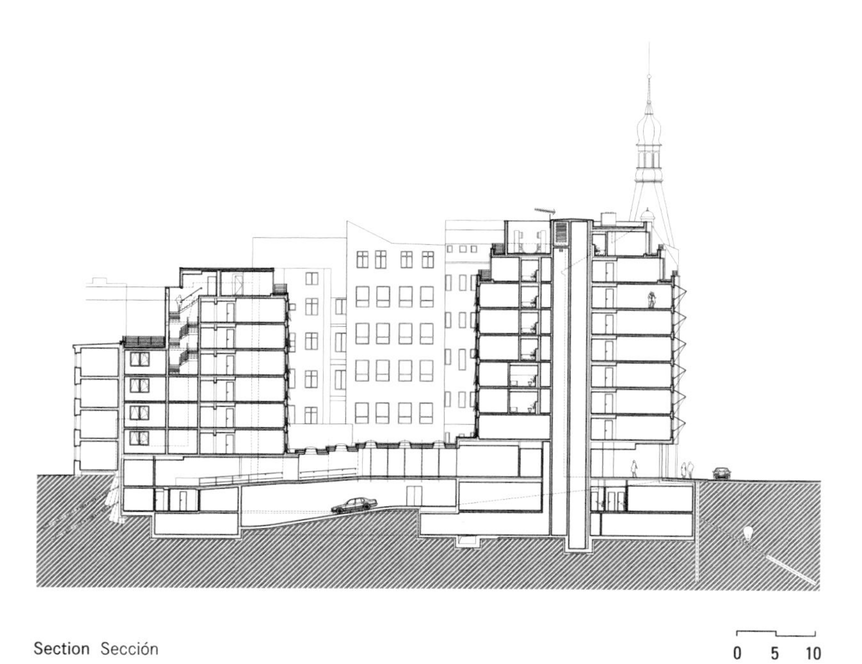

Section Sección

josef

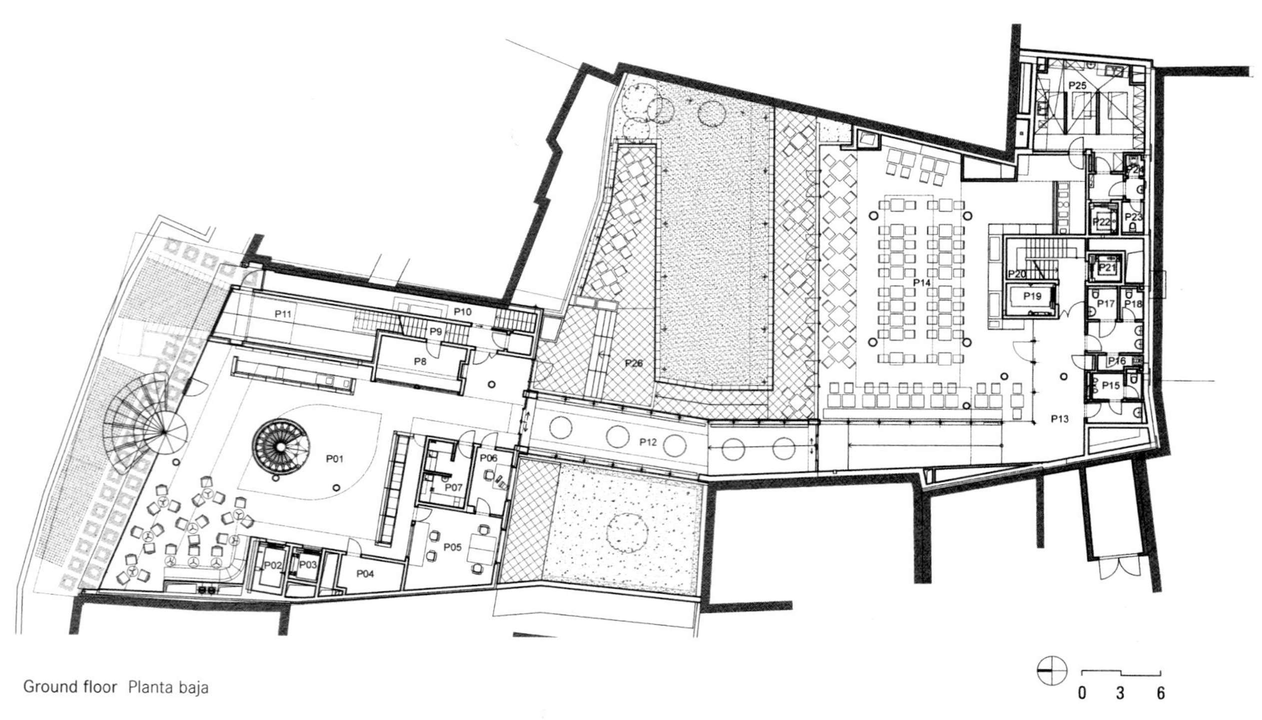

Ground floor Planta baja

Hotel

AC GENOVA

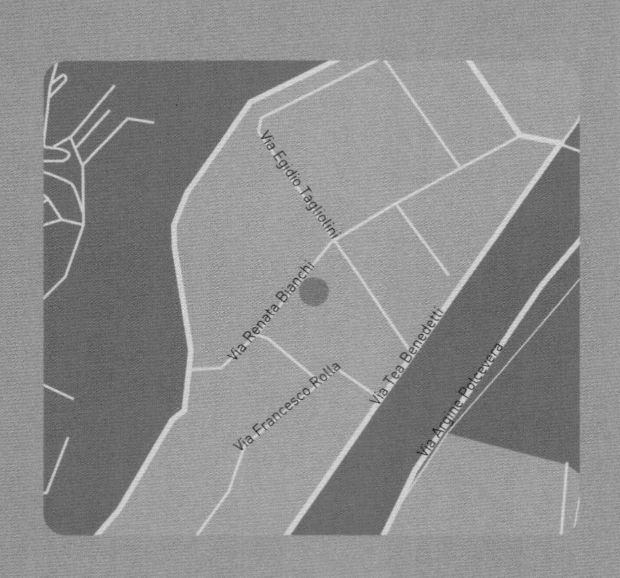

Architect: Lorenzo Chiarugi
Photographer: Jordi Miralles
Number of rooms: 139
Price: 190-260 € per night
Address: Corso Europa 1075, 16148 Genoa, Italy
Telephone: +39 010 307 1180
E-mail: acgenova@ac-hotels.com
Website: www.ac-hotels.com
Services: restaurant, gym, internet and parking lot

Arquitecto: Lorenzo Chiarugi
Fotógrafo: Jordi Miralles
Número de habitaciones: 139
Precio: 190-260 € por noche
Dirección: Corso Europa 1075, 16148 Génova, Italia
Teléfono: +39 010 307 1180
Correo electrónico: acgenova@ac-hotels.com
Página web: www.ac-hotels.com
Servicios: restaurante, gimnasio, internet y aparcamiento

AC
HOTELS

HOTEL **AC GENOVA**

This building alongside the A-12 freeway in Genoa is marked by its bold, modern architecture and a design catering for the needs of business travelers. The interior decoration opts for state-of-the-art luxury and the comfort derived from the use of top-quality materials.

The choice of materials and the meticulous attention to decorative details are the main characteristics of the AC hotel chain. This care is noticeable in the public areas, where earthy tones are combined in the furniture, walls, textiles and lamps; there is a sense of spaciousness in these minimalist settings, with touches of exoticism in some of the decorative elements. The rooms were similarly conceived and prepared to transmit a feeling of restful harmony. The hotel's facilities include rooms equipped for congresses and meetings and a gym reserved for guests. The design in each space follows the same line, creating an equilibrium between the warm colors, the soft fabrics and the sunlight that pours in through the large windows.

The AC Genova is distinguished from the other hotels in the chain by its integration of exclusive details adapted to the building's structure, making it a showcase for new, original design.

Este edificio situado junto a la autopista A-12, en Génova, nace con una arquitectura moderna y contundente, con un diseño exclusivo para acoger a los viajeros de empresas. La decoración interior es una apuesta por el lujo actual y el confort que utiliza materiales de alta calidad.

La elección de los materiales así como el cuidado de los detalles decorativos conforman las principales características de la cadena de hoteles AC. Este cuidado se aprecia en las áreas públicas, donde las tonalidades térreas se combinan en paredes, mobiliario, tejidos y lámparas. Esta solución, a la vez que mantiene la amplitud de los espacios, contribuye a crear ambientes de carácter minimalista con cierta evocación de exotismo en algunos elementos decorativos. Las habitaciones también se han pensado y preparado para propiciar un entorno de armonía para el descanso. Entre otras disposiciones, el hotel consta de salones equipados para convenciones y reuniones y de un gimnasio para los huéspedes. En cada volumen se sigue la misma línea de diseño y mantiene también la calidez con los colores utilizados, los suaves tejidos y la luz natural que inunda las estancias gracias a los amplios ventanales.

El AC Genova se distingue de los demás hoteles de la cadena porque incorpora detalles exclusivos y adaptados a la estructura que hacen de él un hotel de diseño nuevo y original.

AC
HOTELS
AC HOTELS
AC HOTEL

AC
HOTELS

AC
HOTEL

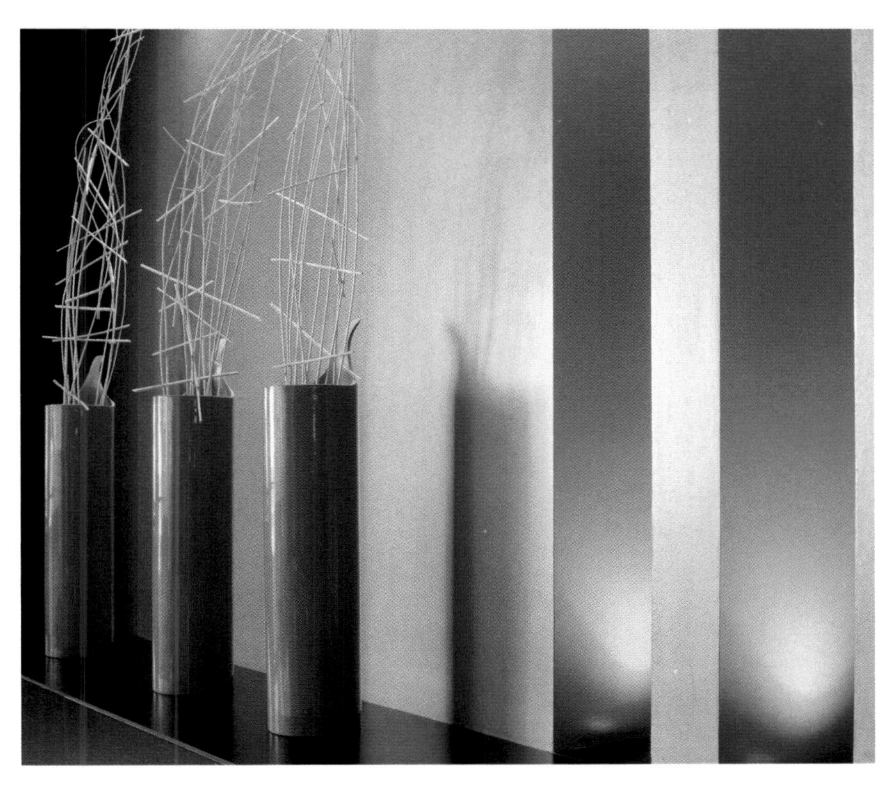

AC
HOTELS

STRAF
Hotel

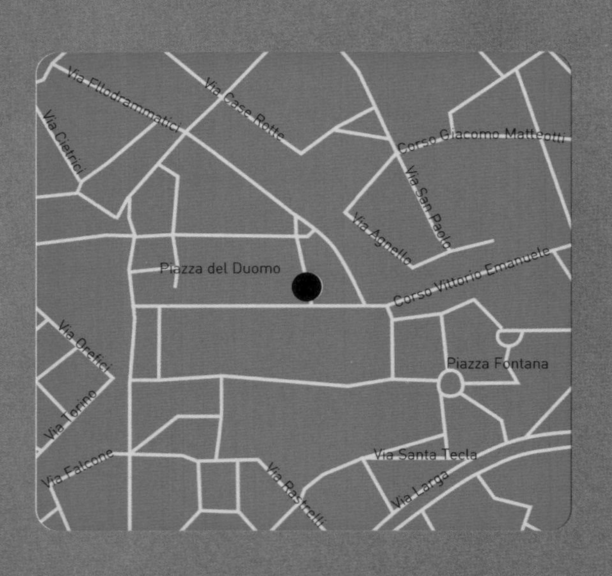
Via Filodrammatici
Via Case Rotte
Via Cletrici
Corso Giacomo Matteotti
Via San Paolo
Via Agnello
Piazza del Duomo
Corso Vittorio Emanuele
Via Orefici
Piazza Fontana
Via Torino
Via Falcone
Via Santa Tecla
Via Rastrelli
Via Larga

Architect: Vincenzo De Cotiis
Photographer: Yael Pincus
Number of rooms: 64
Price: 230-750 € per night
Address: Via San Raffaele 3, 20121 Milan, Italy
Telephone: +39 02 805081
E-mail: reservations@straf.it
Website: www.straf.it
Services: bar, internet in the rooms, satellite and cable television, aromatherapy, chromotherapy and massage chair in 5 rooms; gym, mini-bar, air conditioning and safe

Arquitecto: Vincenzo De Cotiis
Fotógrafo: Yael Pincus
Número de habitaciones: 64
Precio: 230-750 € por noche
Dirección: Via San Raffaele 3, 20121 Milán, Italia
Teléfono: +39 02 805081
Correo electrónico: reservations@straf.it
Página web: www.straf.it
Servicios: bar, internet en las habitaciones, televisión por satélite y cable, aromaterapia, cromoterapia y sillón de masaje en 5 habitaciones; gimnasio, minibar, aire acondicionado y caja fuerte

STRAF

The Straf is situated right in the center of Milan, close to the Duomo cathedral, the Scala opera house and the Via Montenapoleone. The hotel was built behind a façade that dates from 1800, and it was designed along stark, minimalist lines.

The imposing exterior architecture contrasts with the stark interior, with its pure lines, subdued colors and simple forms. This emphasizes the design concept dreamed up by the architect Vincenzo De Cotiis, who is also a haute-couture fashion designer. He selected unusual materials for the construction, such as iron, cement, chalk, mirrors treated with acid, polished tin and even gauze, inserted between glass panels to achieve an effect of transparency. The rooms combine design and functionality while also conjuring up a warm, relaxed atmosphere. The decoration strives for both simplicity and elegance, rejecting any ostentation and reducing the elements (although these are highly sophisticated). The hotel also contains a bar, characterized by its smooth lines and sober colors, which create a restful atmosphere.

The end result is a mixture of Italy's expressive fashion traditions, with all their charisma and elegance, and the latest in design – all shrouded in architecture dating from the early 19th century.

El Straf se sitúa en pleno centro de Milán, próximo a la catedral del Duomo, la Scala y e la Via Montenapoleone. El hotel se erige detrás de una fachada que data de 1800, concebido en un marco de diseño depurado y con carácter minimalista.

La imponente arquitectura exterior contrasta con el destilado interior, de líneas puras, colores tenues y formas sencillas. Se acentúa así el concepto del diseño proyectado y pensado por el arquitecto De Cotiis, también diseñador de moda de alta costura. Seleccionó para el edificio materiales de gran originalidad, como el hierro, el cemento, la pizarra, los espejos tratados al ácido, el latón lustrado o, incluso, la gasa entre paneles de vidrio para introducir un efecto de transparencia. Las habitaciones reúnen diseño y funcionalidad que procuran, a su vez, una atmósfera cálida y relajada. La decoración denota una búsqueda de simplicidad y elegancia, que limita toda ostentación y escoge pocas piezas pero de refinado diseño. Este establecimiento también alberga en su interior un bar, caracterizado por sus líneas suaves y colores sobrios que recrean un ambiente distendido para el visitante.

El conjunto es una mixtura de la elocuente moda italiana, de su carisma y elegancia, con el diseño más moderno e innovador, y envuelto en una arquitectura de principios del siglo XIX.

HOTEL **STRAF**

The hotel entrance surprises with a spectacular mural evoking the world of fahion and announcing a style, a personal and contemporary interior design.

La entrada del hotel sorprende con un espectacular mural que evoca la moda y augura un estilo, un diseño interior contemporáneo y personal.

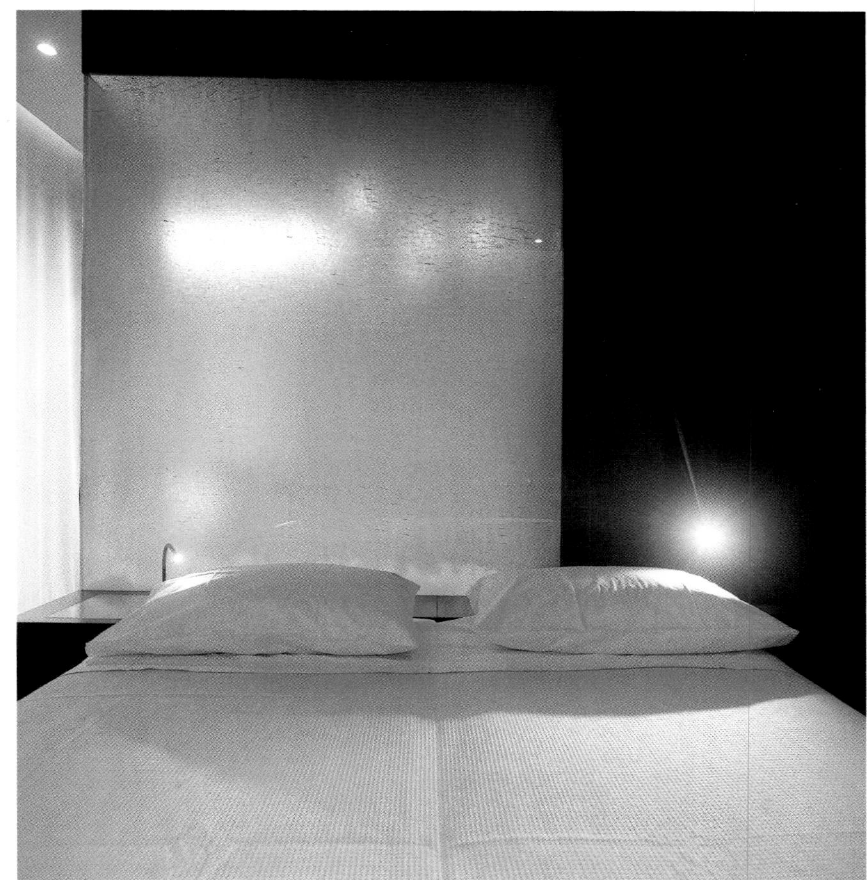

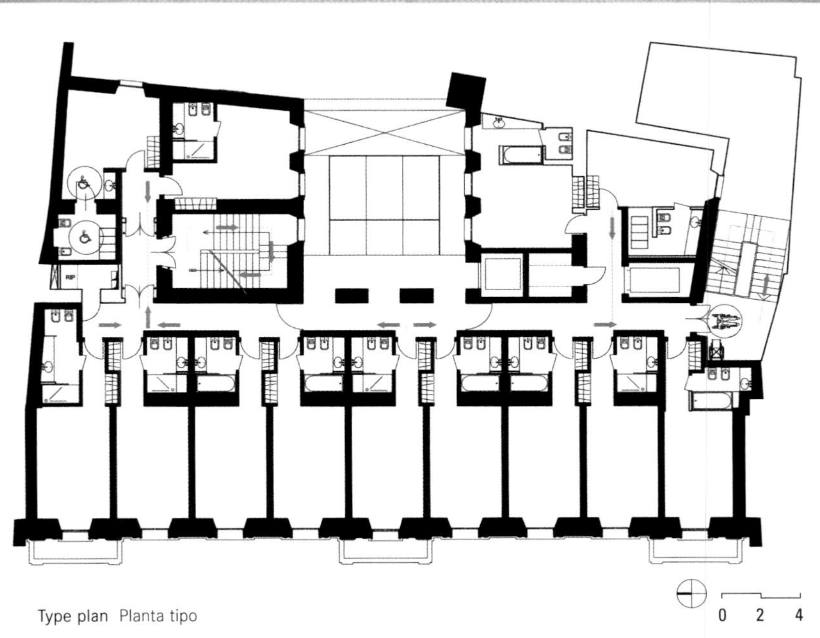

Type plan Planta tipo

DATAI LANGKAWI

Hotel

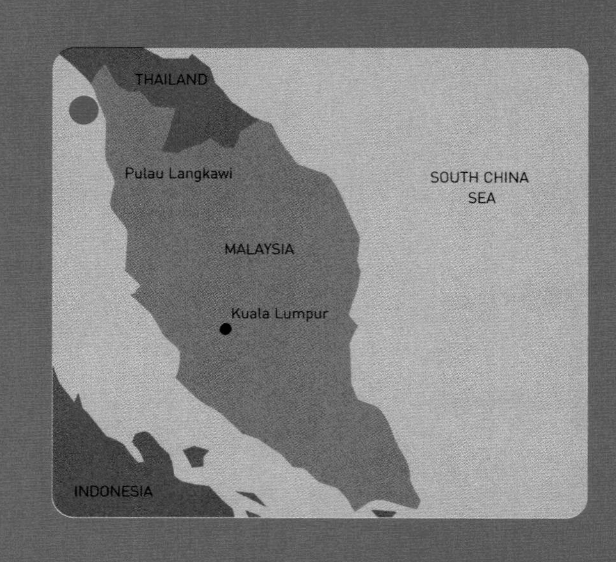

Architects: Kerry Hill, Victor Choo (local architect)
Designers: Didier Lefort, Jay Yeung (local designer)
Photographer: Barney Studio
Number of rooms: 112
Price: 360-1,550 € per night
Address: Jalan Teluk Datai, 07000 Pulau Langkawi, Kedah Darul Aman, Malaysia
Telephone: +604 959 2500
E-mail: datai@ghmhotels.com
Website: www.ghmhotels.com
Services: television, laundry service, safe, library, restaurant, bar, gym, sauna, spa, swimming pools, tennis courts, parking lot and bicycle rental

Arquitectos: Kerry Hill, Victor Choo (arquitecto local)
Diseñadores: Didier Lefort, Jay Yeung (diseñador local)
Fotógrafo: Barney Studio
Número de habitaciones: 112
Precio: 360-1550 € por noche
Dirección: Jalan Teluk Datai, 07000 Pulau Langkawi, Kedah Darul Aman, Malasia
Teléfono: +604 959 2500
Correo electrónico: datai@ghmhotels.com
Página web: www.ghmhotels.com
Servicios: televisión, servicio de lavandería, caja fuerte, biblioteca, restaurante, bar, gimnasio, sauna, spa, piscinas, pistas de tenis, aparcamiento y alquiler de bicicletas

DATAI LANGKAWI HOTEL

The Datai is located on an island of great splendor and natural exoticism that forms part of the Langkawi chain. This tropical-island setting, with centuries-old trees dotted around the hotel, offers the possibility of exploring the lush woods nearby, as well as taking advantage of the special activities that have been set up.

The various buildings that make up the complex have been built with materials from the region in a local style: double-slope roofs, large openings, wood and stone structures, etc. The 112 rooms include some independent villas, which combine a bedroom and a sitting room; these are linked to the public areas via a series of walkways. The hotel was designed to offer the maximum comfort within its astonishing natural framework, while adapting both the architecture and decoration to the setting. The warm atmosphere is enhanced by the wooden furniture and subdued lighting. The hotel also provides the possibility of enjoying authentic Thai cooking, along with Malaysian specialties. The offer also embraces sports facilities and leisure areas, such as swimming pools, bicycles, a gym, golf, a sauna, massages and hot and cold baths.

This project gives its guests the opportunity to revel in comfortable interior spaces set in an unforgettable natural setting.

El Datai se encuentra en el archipiélago Langkawi, en una isla de gran esplendor y exotismo natural; este magnífico escenario tropical de frondosos bosques y árboles centenarios ofrece la oportunidad de descubrir un interesante hábitat vegetal y de disfrutar de variadas actividades lúdicas que aprovechan los recursos naturales de tan espectacular entorno.

Las diversas construcciones que conforman el conjunto han sido diseñadas siguiendo el estilo autóctono de la zona y utilizando los materiales de la región: cubiertas a dos aguas, grandes aberturas, estructuras de madera y piedra, etcétera. Las 112 habitaciones se distribuyen en habitaciones y villas independientes que cuentan con dormitorio y salón, y que se comunican con las zonas públicas a través de una serie de pasarelas. Contribuyen a la cálida atmósfera conseguida la elección del mobiliario de madera y la tenue iluminación de los espacios. Además, el hotel proporciona la posibilidad de degustar la auténtica cocina tai, así como las especialidades de Malasia. El emplazamiento brinda, asimismo, facilidades para llevar a cabo actividades deportivas y dispone de zonas de relajación, como piscinas, bicicletas, gimnasio, golf, sauna, masajes o baños calientes y fríos.

Este proyecto da al visitante la oportunidad de disfrutar de la comodidad de los espacios interiores en un entorno natural que difícilmente podrá olvidar.

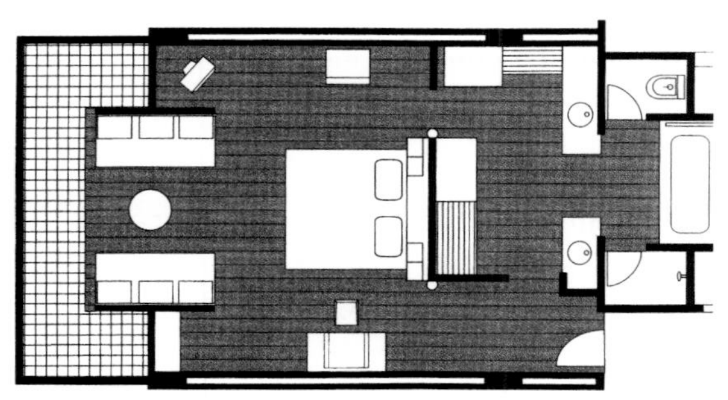

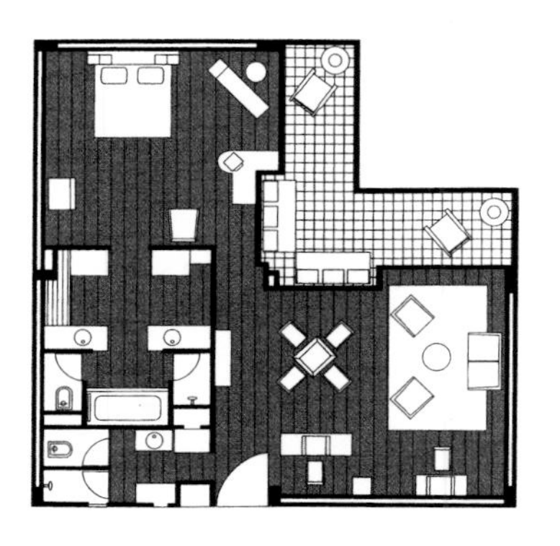

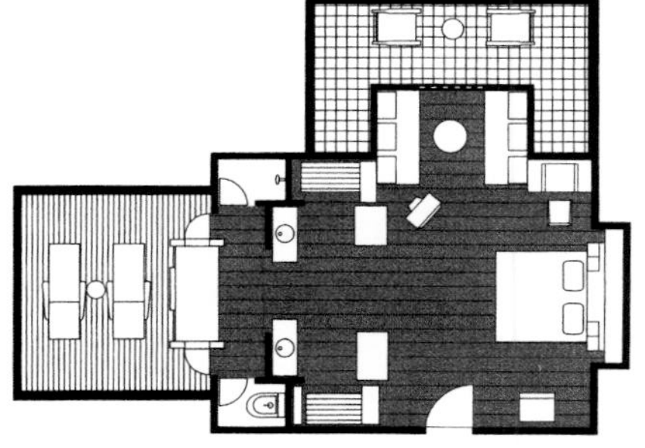

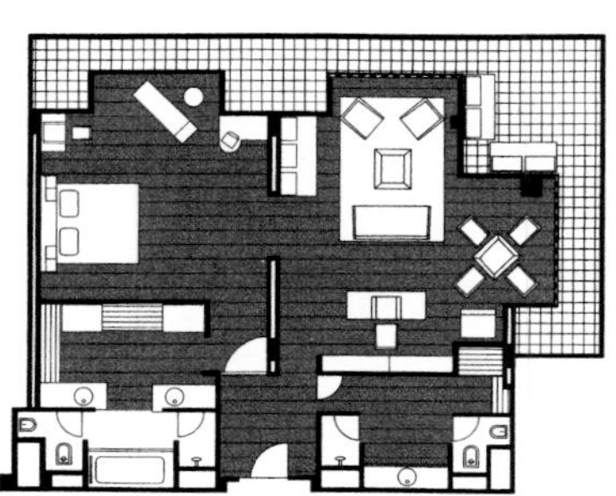

Room plans Plantas de las habitaciones

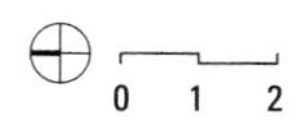

THE MANSION

Hotel

Architects: MARSH Architecture
Photographer: Shania Shegedyn
Number of rooms: 91
Price: 160 € per night
Address: Werribee Park, K Road, Werribee Victoria 3030, Australia
Telephone: +61 3 9731 4000
E-mail: mansion@bigpond.com
Website: www.mansionhotel.com.au
Services: restaurant, bar, pool hall, library, spa, indoor swimming pool, steam bath, gym, beauty treatment, tennis courts, wine cellar and conference rooms

Arquitectos: MARSH Architecture
Fotógrafa: Shania Shegedyn
Número de habitaciones: 91
Precio: 160 € por noche
Dirección: Werribee Park, K Road, Werribee Victoria 3030, Australia
Teléfono: +61 3 9731 4000
Correo electrónico: mansion@bigpond.com
Página web: www.mansionhotel.com.au
Servicios: restaurante, bar, sala de billar, biblioteca, spa, piscina interior, baño de vapor, gimnasio, tratamiento de belleza, pistas de tenis, bodega y sala de conferencias

The basis of this project was a building dating from 1920, which was transformed by the conversion into this distinctive hotel with 93 rooms. The architects' main aims were to preserve the historical look of the old seminary and give it a modern touch to accompany its new use.

The hotel was designed with the idea of maintaining the harmony of the layout, and to do this the newly added wing was lined up with the lobby and the main entrance of the old wing. The new project was integrated into the old building by means of various references, elements and materials which were combined to unify the two parts. The surrounding landscape also provides a striking context, as it provides an open space that frames the building.

The interior decoration respects the different eras that have marked the building by complementing modern furniture with elements that embody the essence of the past, such as the elongated windows and the high ceilings. The colors are subdued in one wing and louder in the other; this device not only stresses the formal contrasts between the two but also distinguishes the different times of construction. All the decoration was conceived with a modern, elegant spirit, which helps unify the various settings.

The result is an attractive hotel that establishes the coexistence of architectural periods separated in time and blends decidedly modern elements into the old interior setting.

THE MANSION HOTEL

Este proyecto se ejecutó en un edificio construido en 1920 cuya posterior remodelación originó este singular hotel de 93 habitaciones. Los objetivos principales de los arquitectos eran conservar el aspecto histórico del antiguo seminario y aportar un aire actual para el nuevo uso del inmueble.

El hotel fue diseñado con el fin de mantener la armonía de la distribución, para ello se alineó la nueva ala con el vestíbulo y la entrada principal de la antigua ala. El nuevo proyecto se integró al edificio preexistente con diversas referencias, elementos y materiales que se combinan para unificar las dos partes. El paisaje que rodea el volumen confiere una orientación particular al hotel, ya que le aporta un espacio abierto en el que enmarcarse.

La decoración interior respeta las diferentes épocas, pues combina mobiliario actual con algunos elementos que contienen la esencia del pasado, como las ventanas alargadas o los altos techos. Los colores aparecen más sobrios en un ala y más llamativos en la otra, lo que marca un encuentro de formas, pero distingue a la vez las diferentes épocas de construcción. Toda la decoración se ideó con un espíritu actual y elegante, que contribuye así a la unidad de los ambientes.

El conjunto es un sugestivo hotel que despliega la cohabitación arquitectónica de tiempos distantes, y fusiona en su interior piezas de marcado carácter contemporáneo.

EXIT

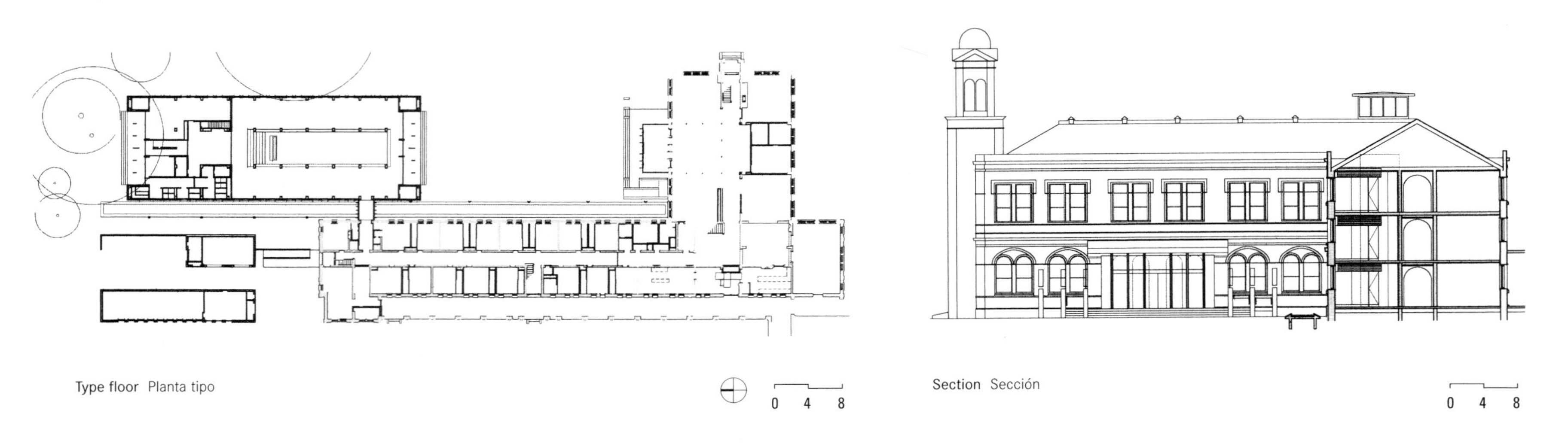

Type floor Planta tipo

0 4 8

Section Sección

0 4 8

ihs

0122
0121

UNIQUE
Hotel

Architect: Ruy Ohtake

Collaborators: Gilberto Elkis (landscaping), Estudio IX (lighting), João Armentano (interior decoration)

Photographer: Nelson Koh

Number of rooms: 95

Price: 235-1,850 € per night

Address: Avenida Brigadeiro Luis Antonio 4700, Jardins, São Paolo/SP, Brazil

Telephone: +55 11 3055-4700

E-mail: reservas@hotelunique.com.br

Website: www.hotelunique.com.br

Services: spa, swimming pool, massage service, internet and other types of room service

Arquitecto: Ruy Ohtake

Colaboradores: Gilberto Elkis (paisajismo), Estudio IX (iluminación), João Armentano (decoración interior)

Fotógrafo: Nelson Koh

Número de habitaciones: 95

Precio: 235-1.850 € por noche

Dirección: Avenida Brigadeiro Luis Antonio 4700, Jardins, São Paolo/SP, Brasil

Teléfono: +55 11 3055-4700

Correo electrónico: reservas@hotelunique.com.br

Servicios: spa, piscina, servicio de masajes, internet y otros servicios de habitación

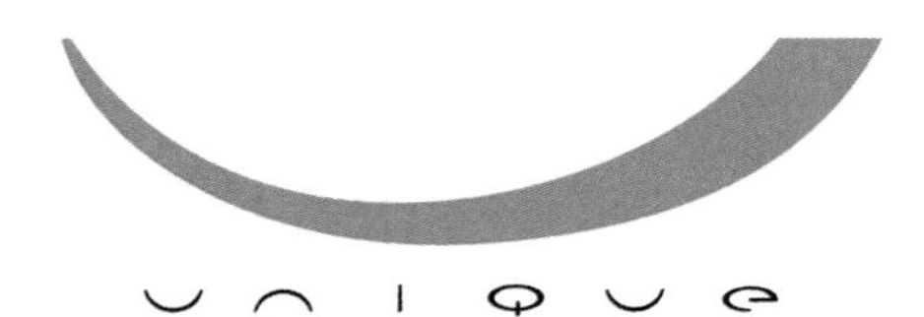

UNIQUE HOTEL

The idea behind this project was the creation of a "unique", cosmopolitan hotel in São Paolo, conceived almost as a piece of sculpture, as an urban artwork. Its exceptional location in the city's financial and leisure center also enhances the unusual nature of this five-star hotel.

The building stands out architecturally due to its striking shape – a large inverted arch 325 ft long and 80 ft high with circular windows 6 ft in diameter. Its distinctive character is highlighted by the façade clad with weathered copper, a prodigy of craftsmanship that is made all the more dazzling by its massive structure. The conception of the interior space is also extremely unusual, with large 80-ft high hollows and corridors made of a series of curves that receive sunlight. The curved design is continued inside the rooms, where there are no right angles at all, creating an impression of infinite depth. The hotel offers other facilities, such as a bar – The Wall – a restaurant – Skye – and a conference center on the top floor, all self-contained and with their own independent access. Finally, the hotel is crowned by the roof terrace, with its stunning views of the city.

Furthermore, the architectural design is rounded off by the innovative concept of "aerial landscaping", which involves filling up voids and space with plants hanging from cables. The interior decoration takes advantage of modern design, with innovative furniture and accessories from all over the world that underline the concept behind the Hotel Unique.

La idea de este proyecto consistía en crear en São Paolo un hotel único y cosmopolita, una obra próxima al arte urbano, concebida casi como si de una escultura se tratase. Su privilegiada ubicación en el centro financiero y de ocio de la ciudad contribuye al carácter singular de este hotel de cinco estrellas.

El edificio destaca como obra arquitectónica por su particular forma, un gran arco invertido de 100 m de largo y 25 m de alto con ventanas circulares de 1,80 m de diámetro. Su carácter peculiar sorprende por la fachada, que se revistió de cobre envejecido, un trabajo artesanal que impone su gran estructura. La concepción del espacio interior es también singular: grandes vacíos de 25 m de alto y pasillos conformados por sucesiones de curvas que reciben luz natural. El diseño en curva prosigue en el interior de las habitaciones; no existen los ángulos rectos, hecho que causa la impresión de un fondo infinito. El hotel integra otros servicios, como un bar –The Wall–, un restaurante –Skye– y un centro de conferencias en la última planta; todos ellos de acceso y funcionamiento independiente. Como punto culminante de esta obra, se encuentra la terraza superior, desde donde se puede apreciar una magnífica vista de la ciudad de São Paolo.

Finalmente, el diseño arquitectónico se completa con el concepto innovador de paisajismo aéreo, que consiste en colmar los espacios vacíos con plantas suspendidas por cables. Para los interiores se buscó también una decoración de diseño actual con mobiliario y accesorios de vanguardia traídos de todo el mundo, que aportan su nota de unicidad al concepto de este hotel.

HISTORIA

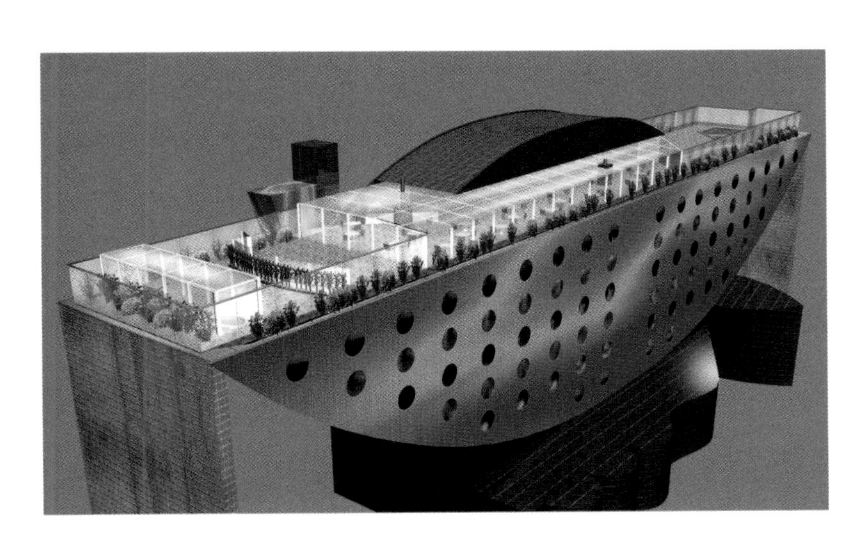

Perspective Perspectiva

HOTEL

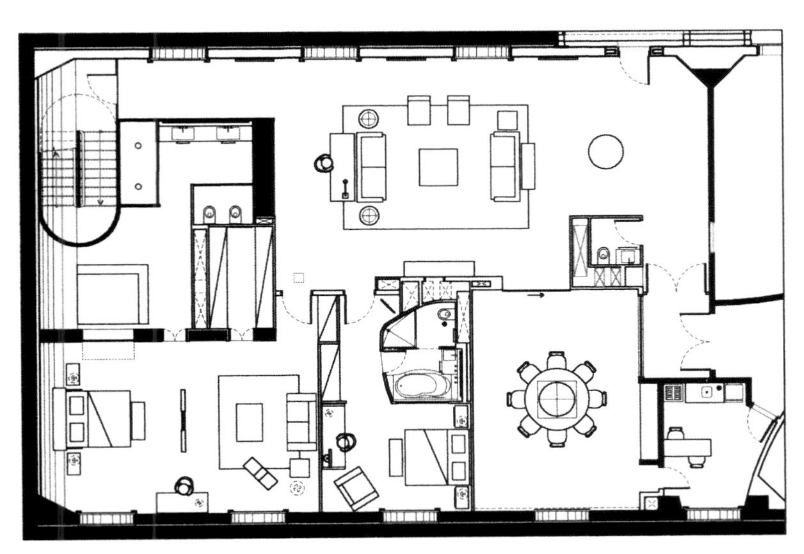

Suite plan Planta de suite

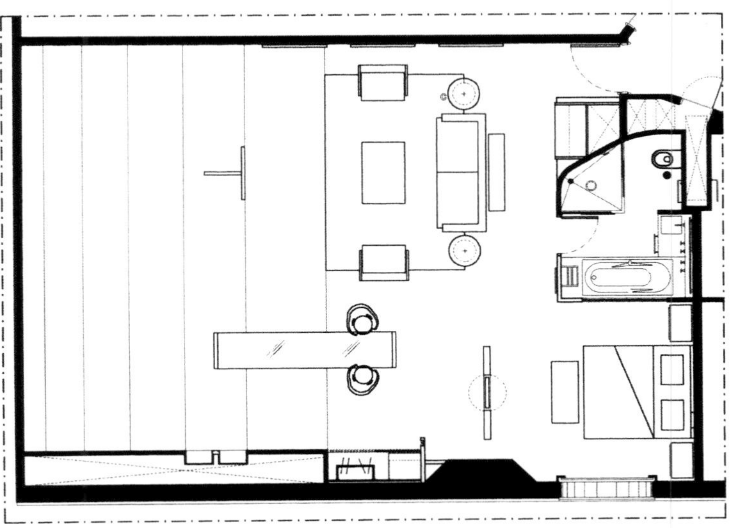

Double room floor Planta de habitación doble

0 1 2

HI

Hotel

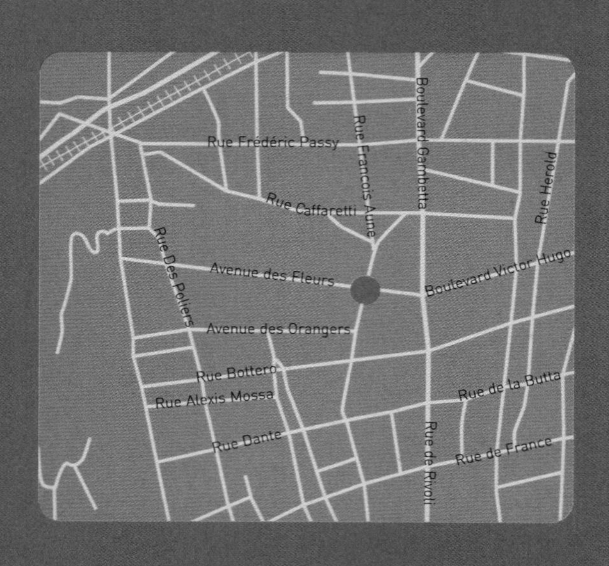
Rue Frédéric Passy
Rue Francois Aune
Boulevard Gambetta
Rue Herold
Rue Caffaretti
Rue Des Poliers
Avenue des Fleurs
Boulevard Victor Hugo
Avenue des Orangers
Rue Bottero
Rue Alexis Mossa
Rue de la Butta
Rue Dante
Rue de Rivoli
Rue de France

Architects: Patrick Elouarghi, Philippe Chapelet and Matali Crasset (interior design)
Photographers: Jordi Sarrà Arau and Uwe Spoering
Number of rooms: 38
Price: 145-350 € per night
Address: Avenue des Fleurs 3, 06000 Nice, France
Telephone: +33 4 97072626
E-mail: hi@hi-hotel.net
Website: www.hi-hotel.net
Services: hammam, swimming pool, internet and bar

Arquitectos: Patrick Elouarghi, Philippe Chapelet y Matali Crasset (diseño interior)
Fotógrafos: Jordi Sarrà Arau y Uwe Spoering
Número de habitaciones: 38
Precio: 145-350 € por noche
Dirección: Avenue des Fleurs 3, 06000 Niza, Francia
Teléfono: +33 4 97072626
Correo electrónico: hi@hi-hotel.net
Página web: www.hi-hotel.net
Servicios: hamam, piscina, internet y bar

The Hi Hotel proposes a new concept of urban hotel that turns its back on conventional codes. The idea dreamed up by the architects involved offering guests an experience that will take them into a new world, where they become active components that interact with the space without becoming prisoners of the decoration.

Both inside and outside, the different areas encourage activity and curiosity, particularly through its use of modules. For example, in the reception, the space is organized according to the needs or whims of the guests, giving rise to different combinations of chairs and stools. The use of concrete to clad the reception and the lobby makes it possible to establish a continuity between the exterior and the interior. As for the rooms, these draw on new concepts that explore visual ideas on a thematic basis, while also fulfilling the requirements of spatial organization. Each room is based on an opening-up of volumes with a variety of possibilities for each structure, allowing guests to pass from one activity to another with total fluidity.

This hotel succeeds in presenting itself as a new experience that invites guests to play with their environment and takes on a wide range of expressions that question the idea of purely formal design.

HI HOTEL

El Hi Hotel propone un nuevo concepto de hotel urbano que prescinde de los códigos establecidos por los hoteles convencionales. La idea imaginada por los arquitectos consistía en ofrecer al visitante vivir una experiencia apropiándose del nuevo universo. De esta manera, el huésped es un componente activo que interactúa con el espacio sin convertirse en prisionero de la decoración.

Los espacios incitan a la actividad y a la curiosidad, tanto del exterior como del interior, y acentúan su carácter modular. Por ejemplo, en la recepción, el espacio se organiza según las necesidades o los ánimos de los huéspedes, lo que da lugar a diferentes combinaciones de sillones y taburetes. La utilización del cemento que tapiza la recepción y el vestíbulo permite establecer una continuidad entre el exterior y el interior. Por otro lado, las habitaciones parten de nueve conceptos que tratan una temática estética, pero que responden, a su vez, a propuestas de organización del espacio. Cada habitación se basa en una abertura de volúmenes con variadas posibilidades para cada estructura, permitiendo el paso de una actividad a otra con total fluidez.

Este establecimiento consigue implantar en el visitante una experiencia nueva, una apuesta por el juego que se establece entre el huésped y su entorno, y que adquiere diversas expresiones que cuestionan el diseño puramente formal.

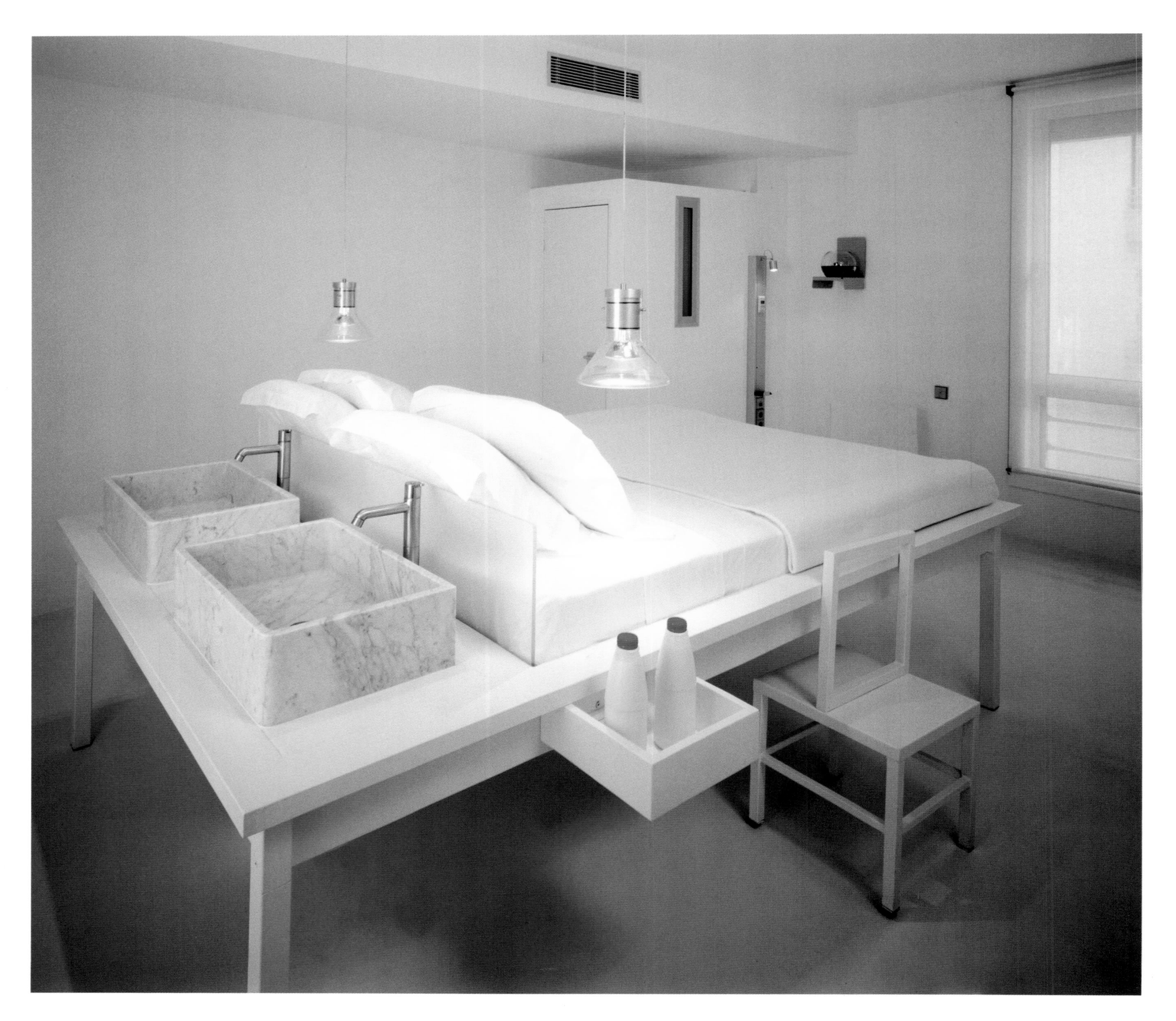

Hotel
POST IN BEZAU

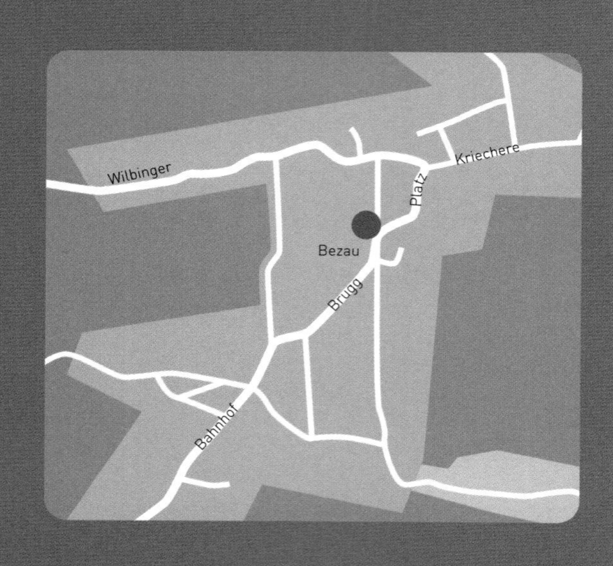

Architect: Oskar Leo Kaufmann
Photographers: Ignacio Martínez and Rasmus Norlander
Number of rooms: 53
Price: 84-131 € per night
Address: Brugg 35, 6870 Bezau, Austria
Telephone: +43 5514 2207 0
E-mail: office@hotelpostbezau.com
Website: www.hotelpostbezau.com
Services: television, radio, internet, bicycles, tennis courts, mini-bar, indoor and outdoor swimming pool, sauna, hammam, gym and spa

Arquitecto: Oskar Leo Kaufmann
Fotógrafos: Ignacio Martínez y Rasmus Norlander
Número de habitaciones: 53
Precio: 84-131 € por noche
Dirección: Brugg 35, 6870 Bezau, Austria
Teléfono: +43 5514 2207 0
Correo electrónico: office@hotelpostbezau.com
Página web: www.hotelpostbezau.com
Servicios: televisión, radio, internet, bicicletas, pistas de tenis, minibar, piscina interior y exterior, sauna, hamam, gimnasio y spa

This old post office has been in the hands of the same family for five generations. The last refurbishment of the building left it as a hotel that merges traditional architecture with a fresh, modern decoration.

The preexisting building is characteristic of the local mountain style, characterized by a wooden structure and a double-sloping roof. The new extension involved in the hotel project comprised a series of prefabricated "boxes", which were used to speed up the construction schedule. Indoors, all the spaces were designed with a combination of classical and avant-garde furniture. The hotel offers some impressive spa facilities, including a sauna, steam bath and solarium, as well as offering a wide range of sporting activities: cycling, sleighing, yoga, swimming, gym, tennis, golf, etc. The setting seeks not only to welcome visitors but also to enable them to choose from the broad selection of conveniences available for relaxing and having fun.

The atmosphere created in this hotel reflects the region's lifestyle, and this influence can also been found in the haute-cuisine food on offer, as many of the ingredients come from local farms. The association of tradition and modernity gives rise to an attractive environment that allows guests to disconnect from the bustle and stress of the city.

HOTEL **POST IN BEZAU**

Post

HOTEL IN BEZAU

Esta antigua oficina de correos es propiedad de una familia desde hace cinco generaciones. La última remodelación que se ha llevado a cabo ha dado lugar a un hotel que conjuga la arquitectura tradicional con una decoración moderna y actual.

El edificio preexistente es característico de las construcciones de montaña, con cubiertas a dos aguas y estructura de madera. También se ejecutó una ampliación, el proyecto llamado Boxes, que consistió en erigir una serie de cajas prefabricadas que aceleraron la finalización de la obra. Por otro lado, todos los interiores se diseñaron combinando mobiliario clásico y de vanguardia. El hotel ofrece unas importantes instalaciones de spa, con sauna, baño de vapor y solárium, así como una gran oferta de actividades deportivas: bicicleta, trineo, yoga, piscina de invierno, gimnasio, pistas de tenis y golf. El espacio se ha ideado para acoger al visitante y que elija entre la amplia variedad de comodidades que ofrece el hotel para la relajación y la diversión.

El ambiente de este hotel se hace eco de los aires de la región, una influencia que también está presente en la gastronomía, pues emplea productos de las granjas locales combinados con la alta cocina. Se asocian así la tradición y la modernidad en una atmósfera agradable para el huésped que busca desconectar del incesante bullicio de la ciudad.

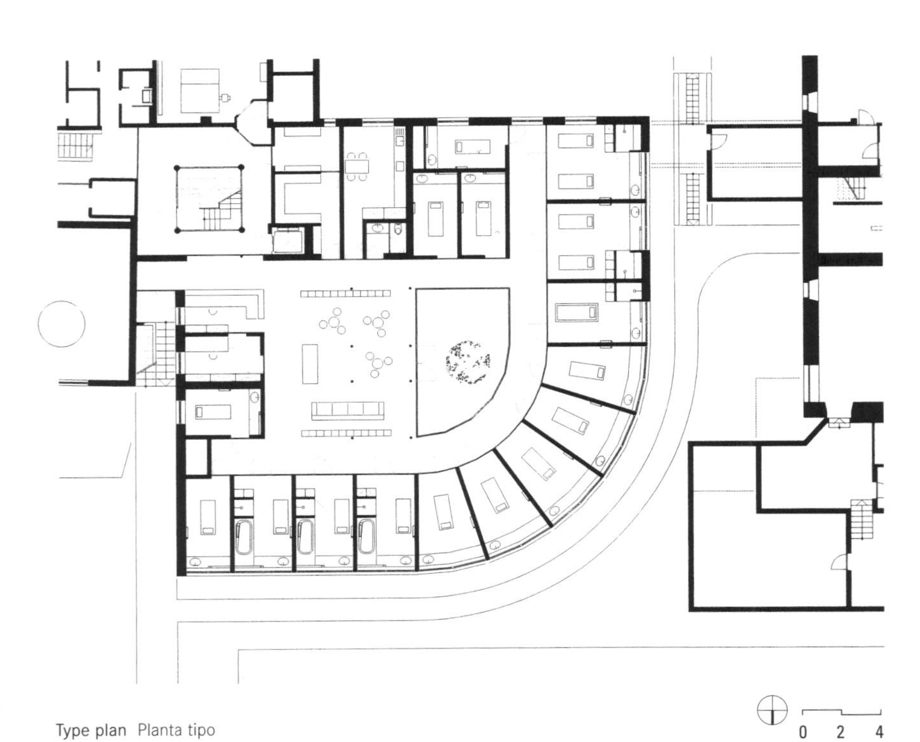

Type plan Planta tipo

PORTLAND

DERLON

Hotel

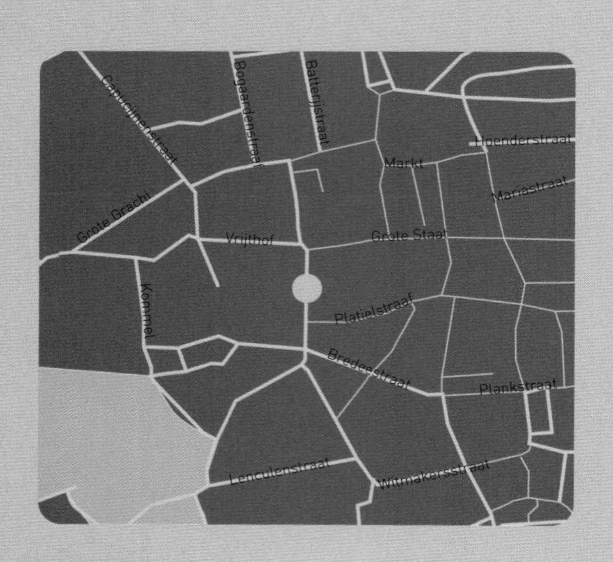

Architects: Arn. Meijs Architects, Ger Rosier and Edward van Vliet (interior designers)
Photographers: Hugo Thomassen
Number of rooms: 41
Price: 245-295 € per night
Address: OL Vrouweplein 6, 6211 HD Maastricht, Netherlands
Telephone: +31 43 3216770
E-mail: info@derlon.com
Website: www.derlon.com
Services: internet, CD, television and parking lot

Arquitectos: Arn. Meijs Architects, Ger Rosier y Edward van Vliet (interioristas)
Fotógrafos: Hugo Thomassen
Número de habitaciones: 41
Precio: 245-295 € por noche
Dirección: O.L. Vrouweplein 6, 6211 HD Maastricht, Países Bajos
Teléfono: +31 43 3216770
Correo electrónico: info@derlon.com
Página web: www.derlon.com
Servicios: internet, CD, televisión y aparcamiento

DERLON

MAASTRICHT

The hotel Derlon was built on ruins that date back to Roman times; these archeological remains are combined with a contemporary style that fuses sumptuousness and design. Situated in the historic center of Maastricht, the hotel's essential personality is derived from the findings made during the excavations in the city's old street, which have formed the basis of a small Roman museum.

Right from the lobby, the hotel presents a modern decoration in which color and form play the leading roles. The concept behind the interior design of the Zes restaurant is a meeting between East and West. Black and white are the dominant colors, but the main focus of attention is provided by the spectacular ceiling lamps, sprawling out like spiders to bathe the entire expanse of the dining room with light. The menu is equally adventurous, with its fine selection of dishes, wines and coffees. The Zes club, situated in the basement, alternates colors in the lighting to create various types of settings. The rooms have been designed to offer comfort and functionality within a sophisticated, contemporary framework. They are relaxing, intimate spaces, ideal for unwinding and reveling in the excellent views of the old city.

This project sought to create an environment that encourages guests to rest by paying attention to all the details and joining up styles and anachronisms until they converge in a strong personality of great elegance.

DERLON HOTEL

El Derlon fue edificado sobre unas ruinas que datan de la época romana; el descubrimiento arqueológico sirvió para conferir a este hotel un sello propio, pues los hallazgos arqueológicos procedentes de las excavaciones se integraron en el diseño decorativo contemporáneo inicialmente previsto. Situado en la calle más antigua de la ciudad de Maastricht, el hotel configura un pequeño museo romano.

Nada más acceder al vestíbulo, se advierte una decoración moderna donde el color y las formas adquieren especial protagonismo. El concepto del diseño interior del restaurante Zes es un encuentro entre Oriente y Occidente, donde predominan el blanco y el negro y en el que destacan las espectaculares lámparas del techo, arañas que bañan de luz la amplia sala; se ofrece además la posibilidad de seleccionar y probar diferentes vinos, platos y cafés. El club Zes, situado en el subsuelo, alterna los colores de la iluminación creando diversos tipos de ambientes. Las habitaciones se han diseñado para ofrecer comodidad y funcionalidad dentro de un marco sofisticado y actual. Se trata de espacios privados relajantes, donde se puede desconectar del bullicio de la gran metrópoli y al mismo tiempo disfrutar de las excelentes vistas de la vieja ciudad.

En este proyecto se ha buscado crear un espacio idóneo para el descanso del viajero, cuidando todos los detalles y aunando estilos y anacronismos que confluyen en un acentuado carácter y en una gran elegancia.

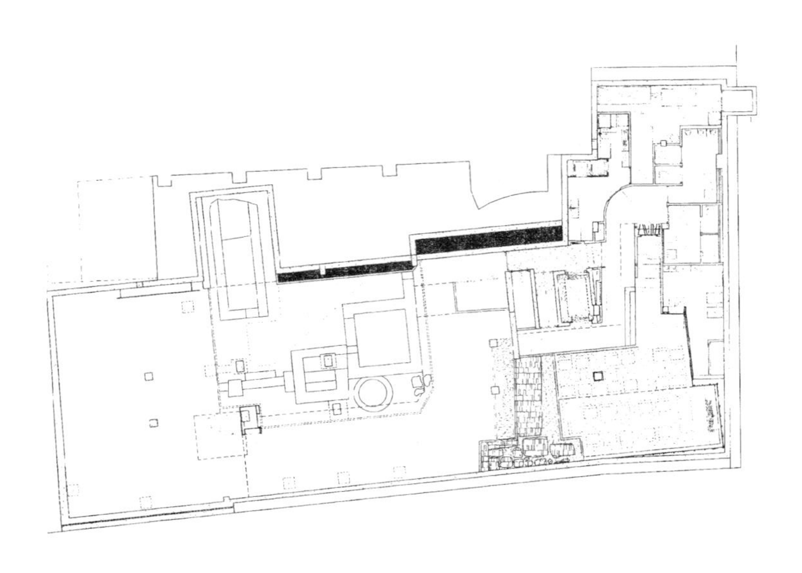

Type plan Planta tipo

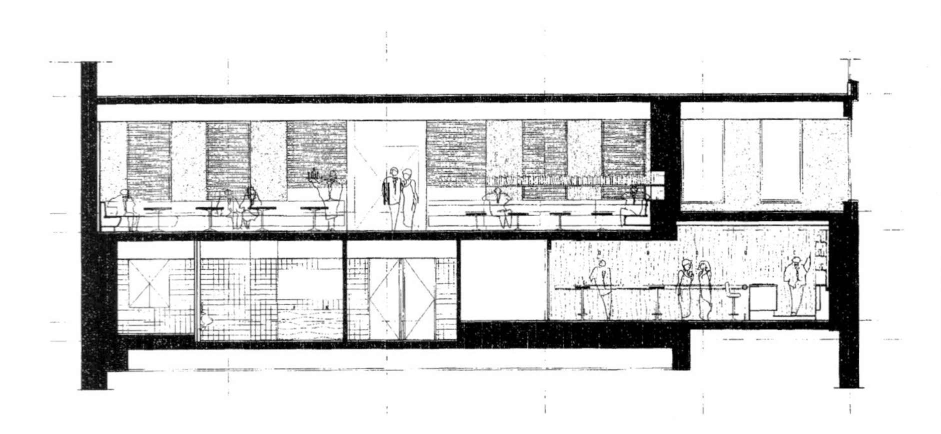

Section Sección

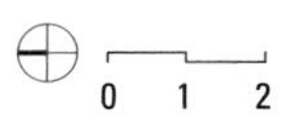

PERSHING HALL

Architect of the conversion: Richard Martinet Architecture; Andrée Putman (interior design)
Collaborator: Patrick Blanc (botanist)
Number of rooms: 26
Price: 390-1,000 € per night
Location: 49 Rue Pierre Charron, 75008 Paris, France
Telephone: +33 1 58 36 58 00
Email: info@pershing-hall.com
Website: www.pershinghall.com
Services: TV, CD, DVD, internet, mini-bar, restaurant, gym

Arquitecto de la reforma: Richard Martinet Architecture; Andrée Putman (diseño interior)
Colaborador: Patrick Blanc (botánico)
Número de habitaciones: 26
Precio: 390-1000 € por noche
Localización: 49 Rue Pierre Charron, 75008 Paris France
Teléfono: +33 1 58 36 58 00
Email: info@pershing-hall.com
Página web: pershinghall.com
Servicios: TV, CD, DVD, internet, minibar, restaurante, gimnasio

pershinghall

This hotel, the first to be created in Paris by the designer Andrée Putman, stands out among the city's large hotels, with their monumental style and ostentatious decoration. Although it is situated in a Haussmann-era building dating from the 19th century, the lighting, the composition of the spaces, the furniture and the big wall covered with vegetation are all resolutely modern.

Behind the Second Empire façade, Andrée Putman has created a hotel that renounces the idea of "feeling at home" in favor of a setting that lingers in the memory as a mysterious secret, as a luxurious source of beauty, distinctiveness and pleasure. The lighting is the star of the show; it subtly changes from scarlet to emerald green in the lobby before being filtered through a curtain made of thousands of glass beads. A large pillar entwined by various exotic plants dominates the lounge. This original idea of creating vertical greenery is taken up with even greater impact in the patio, where the 80-ft high wall is covered with 250 different species of plants, deliberately positioned according to their requirements of light and water. The refurbishment of this building succeeded in taking advantage of the great height of the ceilings to enhance the sense of spaciousness in rooms such as the Pershing Salon and the American Legion Salon, whose current decoration contrasts with the original moldings and huge windows.

This hotel reveals a new vision of luxury through spaces in which guests can constantly encounter surprising details of design.

Este hotel, el primero de la diseñadora Andrée Putman en París, destaca entre los grandes hoteles de estilo monumental y de decoración ostentosa de esta ciudad. Aunque situado en un edificio haussmanniano del siglo XIX, el juego de iluminación, la composición de los espacios, el mobiliario y el gran muro cubierto de vegetación hacen de él un establecimiento moderno e innovador.

Tras la fachada segundo imperio, Andrée Putman concibe un hotel contrario a la premisa de sentirse como en casa, y aboga por la idea de un instante recordado como un misterioso secreto, un lujoso espacio de belleza, singularidad y placer. La iluminación es protagonista del proyecto: un juego cambiante sutilmente de bermellón a verde esmeralda en el vestíbulo y filtrada a su vez por una cortina de miles de perlas de cristal. Una gran columna rodeada por diversas plantas exóticas viste la sala. Esta originalidad de crear bosques verticales se retoma con fuerza en el patio, donde una pared de 25 metros de alto cubierta de vegetación alberga 250 especies diferentes de plantas situadas expresamente según sus necesidades de luz y agua. En la rehabilitación de este edificio se ha sabido aprovechar la gran altura de los techos para propiciar amplitud a los ambientes como el salón Pershing o en el American Legion, cuya decoración actual contrasta con las molduras y los grandes ventanales de época.

En este hotel se descubre una nueva visión del lujo, espacios donde el diseño se encuentra y sorprende en cada detalle.

PERSHING HALL

Halls
Áreas de recepción

Bars
Bares

Outdoor spaces
Terrazas

Pools
Piscinas

Mural decoration
Decoración mural

Lighting
Iluminación

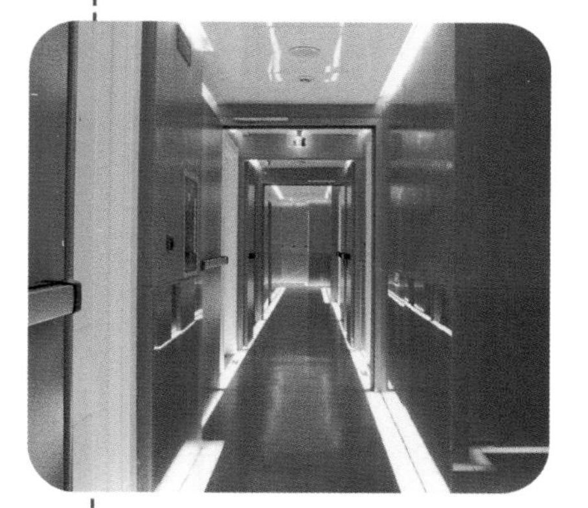

Bedrooms
Habitaciones

Bathrooms
Baños

Graphic design

Diseño gráfico

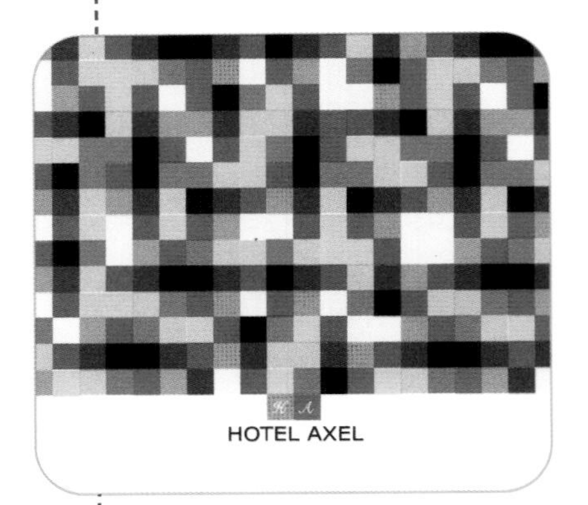

Hotel Post . Familie Kaufmann . A-6870 Bezau
Telefon +43-(0)5514/2207-0 . Fax +43-(0)5514/2207-22
office@hotelpostbezau.com . www.hotelpostbezau.com

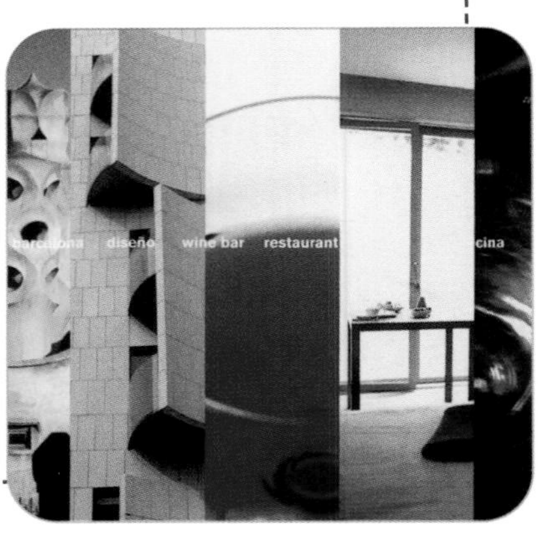

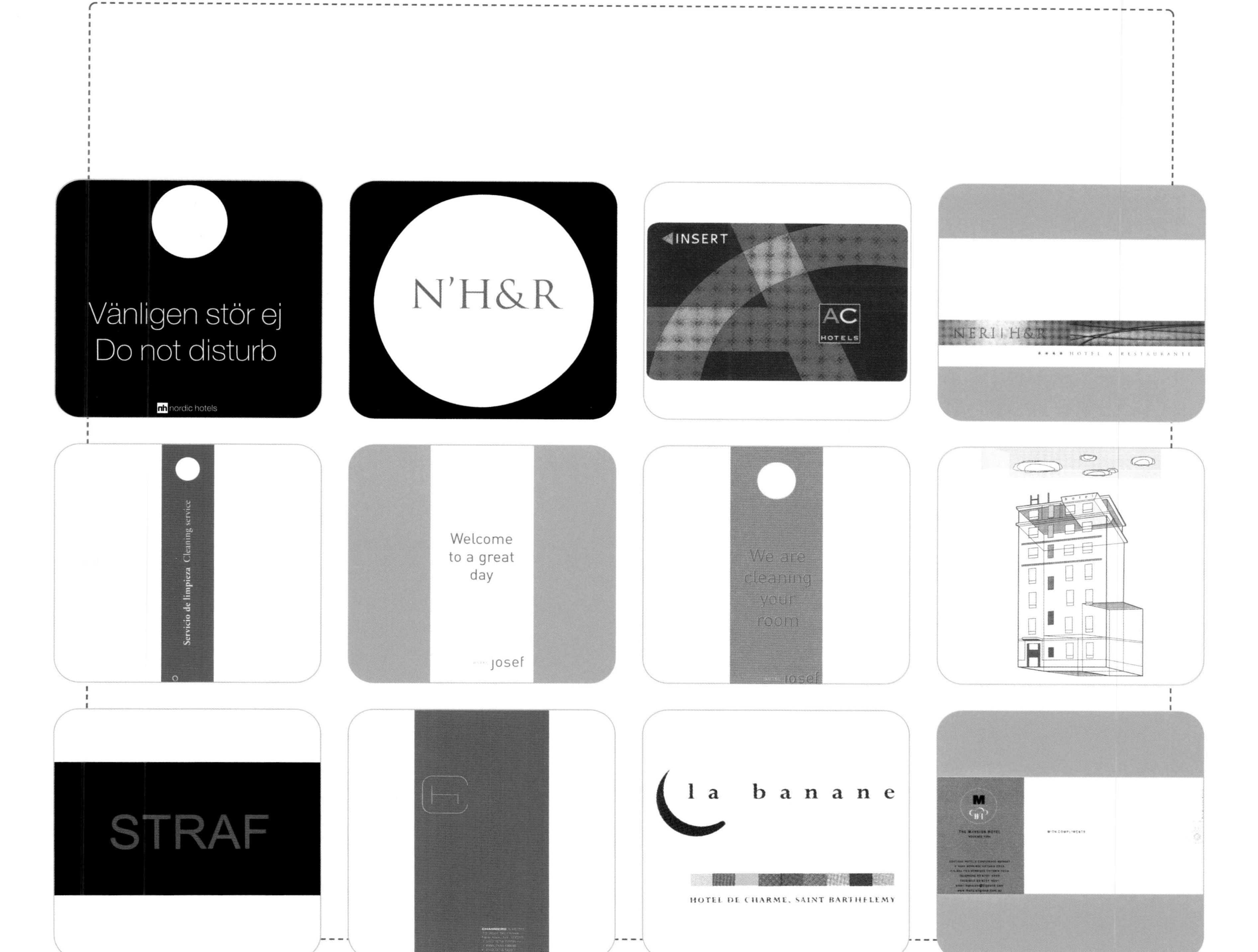

Vänligen stör ej
Do not disturb
nh nordic hotels
N'H&R
INSERT
AC
HOTELS
NERI | H&R
HOTEL & RESTAURANTE
Servicio de limpieza Cleaning service
Welcome
to a great
day
josef
We are
cleaning
your
room
josef
STRAF
la banane
HOTEL DE CHARME, SAINT BARTHELEMY
M
THE MANSION HOTEL
WITH COMPLIMENTS

Otros títulos de la editorial **Other titles by the publisher**

La Fundición, 15. Polígono industrial Santa Ana. 28529 Rivas-Vaciamadrid. Madrid. Tel.: 34 91 666 50 01. Fax: 34 91 301 26 83. asppan@asppan.com www.onlybook.com

Restaurantes al aire libre
Open-air Restaurants

ISBN (E/GB): 84-96048-20-9

Hotels. Designer & Design /
Hoteles. Arquitectura y diseño

ISBN: (E/GB) 84-89439-61-3

+Hoteles. Designer & Design /
+Hoteles. Arquitectura y diseño

ISBN: (E/GB) 84-96137-14-7

Oficinas. Arquitectura y diseño /
Offices. Designer and Design

ISBN: (E/GB) 84-96137-57-0

Lofts. Arquitectura y diseño /
Lofts. Designer and design

ISBN: (E/GB) 84-96137-16-3

Interiores maximalistas

ISBN: (E) 84-96137-38-4

Del minimalismo al maximalism
Do minimalismo ao maximalismo

ISBN: (E/P) 84-89439-76-1

Bars/Bares

ISBN: (GB/E) 84-96241-06-8

Nueva York minimalista

ISBN: (E) 84-96241-66-1

Atlas mundial de arquitectura

ISBN: (E) 84-96137-04-X

Escaleras

ISBN: (E) 84-89439-26-5

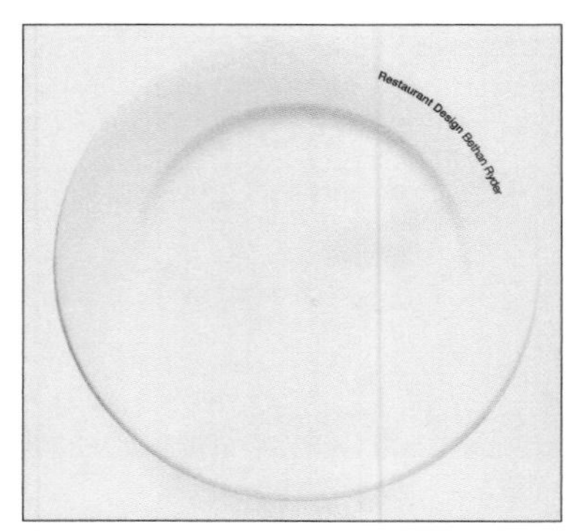

Diseño de restaurantes

ISBN: (E) 84-96241-17-3

www.onlybook.com

Josep Lluís Sert
ISBN: (E) 84-96048-19-5
ISBN: (GB) 84-96048-24-1

Gwathmey & Siegel
ISBN: (E) 84-96048-18-7
ISBN: (GB) 84-96048-25-X

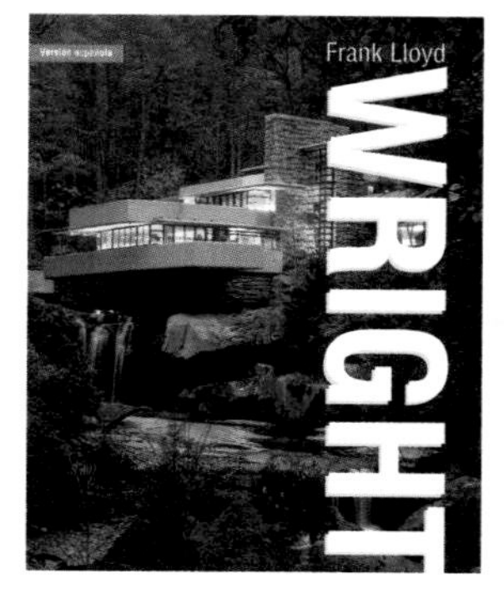

Frank Lloyd Wright
ISBN: (E) 84-96137-30-9
ISBN: (GB) 84-96137-31-7

KPF
ISBN: (E) 84-96137-32-5
ISBN: (GB) 84-96137-33-3

Antoni Gaudí. Salvador Dalí
ISBN: (E) 84-89439-37-0
ISBN: (GB) 84-89439-38-9

Josep Lluís Sert. Joan Miró
ISBN: (E) 84-96048-51-9
ISBN: (GB) 84-96048-52-7

Otto Wagner. Gustav Klimt
ISBN: (E) 84-96137-35-X
ISBN: (GB) 84-96137-88-0

Frank Lloyd Wright. Georgia O'Keeffe
ISBN: (E) 84-96241-14-9
ISBN: (GB) 84-96241-15-7

Transporte y arquitectura
ISBN: (E) 84-96137-36-8

Aeropuertos
ISBN: (E) 84-96241-18-1

La oficina del siglo XXI
ISBN: (E) 84-96137-65-1

The Best of Bars & Restaurants
ISBN: (E/GB) 95-09575-86-0

E: texto en español D: texto en alemán GB: texto en inglés IT: texto en italiano J: texto en japonés P: texto en portugués

www.onlybook.com

Eames
ISBN: (E) 84-96137-61-9

Le Corbusier
ISBN: (E) 84-89439-46-X

Oscar Niemeyer
ISBN: (E) 84-89439-42-7

Andy Warhol
ISBN: (E) 84-96137-63-5

Memphis
ISBN: (E) 84-96048-43-8

Bauhaus
ISBN: (E) 84-96048-47-0

El espíritu dadá
ISBN: (E) 84-96048-44-6

Marilyn
ISBN: (E) 84-96137-64-3

Man Ray
ISBN: (E) 84-96137-55-4

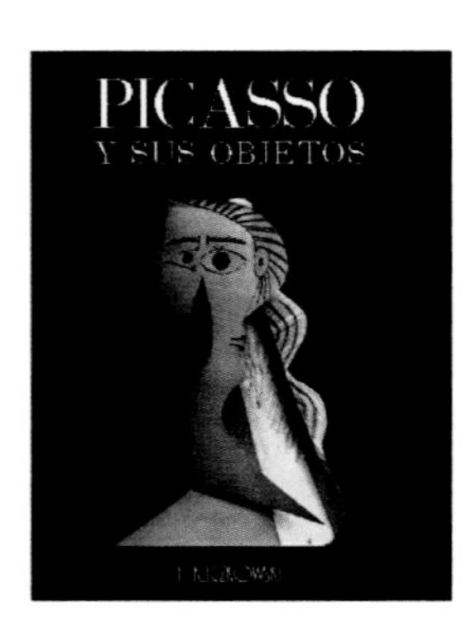

Picasso y sus objetos
ISBN: (E) 84-89439-43-5

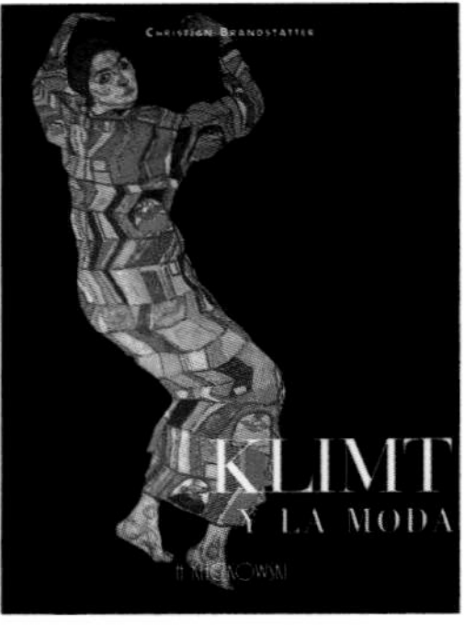

Klimt y la moda
ISBN: (E) 84-96048-49-7

Moda y surrealismo
ISBN: (E) 84-96137-94-5